Till Eulenspiegel zieht durch die Mark

Heiko Hesse

Till Eulenspiegel zieht durch die Mark

Schelmengeschichten aus Berlin und Brandenburg

edition q im
be.bra verlag

Bibliografische Information der Deutschen Nationalbibliothek
Die Deutsche Nationalbibliothek verzeichnet diese Publikation in der Deutschen Nationalbibliografie; detaillierte bibliografische Daten sind im Internet über http://dnb.d-nb.de abrufbar.

KulturBrauerei Haus 2
Schönhauser Allee 37, 10435 Berlin
post@bebraverlag.de
Lektorat: Matthias Zimmermann, Berlin
Umschlag: Ansichtssache, Berlin
Satz: typegerecht, Berlin
Schrift: 10/13,5 DTL Fleischmann
Druck und Bindung: GGP Media GmbH, Pößneck
ISBN 978-3-86124-699-2

www.bebraverlag.de

Das erste Wort

Mit Till Eulenspiegel ist es wie mit dem Brunnen mitten in Berlin, auf dem Eulenspiegel, Deutschlands berühmtester Narr, einst gethront hat. Er ist mal hier, mal dort, dann weg, aber nie ganz verschwunden. Wie es ihm beliebt, taucht er wieder auf und treibt seine Späße mit den Menschen, und das immer aufs Neue. Der Eulenspiegelbrunnen auf dem Hof eines großen Hotels am Anhalter Bahnhof ist zwischen den Weltkriegen nach Eisenach umgezogen, stand dort lange vor der Oper, ist vergammelt und irgendwann zu tiefsten DDR-Zeiten einer neuen Platzgestaltung gewichen. Geblieben ist das Gerücht, der Narr sei den roten Machthabern ein Dorn im Auge gewesen. Dass die Skulptur irreparabel beschädigt war, das interessiert doch heute keinen mehr.

Um das Jahr 1500 hat wahrscheinlich der Braunschweiger Zollschreiber Hermann Bote Eulenspiegel-Geschichten verfasst und in die Welt entlassen. Das erste eindeutig datierte Buch mit 95 Historien erschien im Jahr 1515 in Straßburg. Es kam so gut an, dass bereits vier Jahre später die zweite Auflage gedruckt wurde. In Windeseile verbreitete sich das Buch über halb Mitteleuropa, wurde in mehrere Sprachen übersetzt. Der junge Buchdruck machte es bezahlbar.

Im Ur-Buch von 1515 entdeckt der Leser vier Geschichten an drei märkischen Orten: Berlin, Brandenburg an der Havel und Frankfurt (Oder). Es versteht sich, dass diese vier Originale in dieses Buch Eingang gefunden haben. Dazu kommt eine weitere Entdeckung: In der sorbischen Sagen- und Märchenwelt treibt Hajnspigel sein Unwesen. Seine Streiche sind ganz nach Art des Eulenspiegels. In einem Buch über das wendische Volkstum in Sage und Sitte aus dem Jahr 1882 sind Hainspigel und Eulenspiegel ein und dieselbe Figur.

Und die anderen 44 Geschichten in diesem Buch, die sich in Rathenow, Angermünde, Forst, Potsdam oder am Fuße von Burg Rabenstein zugetragen haben sollen? Die folgen brav dem Vorbild Hermann Botes. Der Zollschreiber hat in seinem Vorwort erklärt, er sei nicht der Verfasser, sondern der Sammler dieser Historien. Tatsächlich hat es schon immer schräge Vögel gegeben, die mit ihren Mitmenschen Schabernack getrieben haben. Solche sind aus der Antike bekannt, solche gibt es überall auf der Erde, ob in der Mongolei, auf Sri Lanka, in Südafrika, in Vorderasien oder in Nordamerika. Sie heißen Nasreddin Hodscha, Drugpa Künleg, Hersch Ostropoler oder Wihio. Wie Till Eulenspiegel nahmen und nehmen sie die Menschen gern wörtlich, führen sie dabei hinters Licht oder an der Nase herum – und verarschen sie.

Ein böses Wort? Aber nein: Das Verarschen steckt im Namen Eulenspiegel oder Uhlenspegel. Der Name entstand, als man niederdeutsch sprach. »Uhlen« heißt auf platt »wischen«. Jäger sprechen heute noch vom »Spiegel«, wenn sie das Hinterteil des Rehs meinen. So sah man dies auch im 16. Jahrhundert, weshalb Martin Luther mit Till Eulenspiegel seine Probleme hatte. Einer, der alles und jeden verarscht, war ihm nicht geheuer. In vielen der 95 Historien spielt Kot eine zentrale Rolle, übrigens auch in der Geschichte aus Frankfurt (Oder). Erst die Romantik hat die derben Geschichten »weichgespült« und den Protagonisten zu einem drolligen Kerlchen zwecks Kinderbelustigung verwandelt. Aber warum sollte es Till Eulenspiegel anders ergehen als den teils schwer verdaulichen Märchen, die die Grimms gesammelt, 1812 erstmals veröffentlicht und später entschärft haben?

Ein authentisches Bild von einem mittelalterlichen Narren kann man sich im Brandenburger Dom machen. Mit der Sanierung im Jahr 2014 wurde eine Terrakotta-Figur wieder sichtbar, die in der rechten Hand einen Spiegel hält und sich mit der Linken ans Gesäß fasst. Dieser Konsolstein im nördlichen Seitenschiff stammt aus der zweiten Hälfte des 15. Jahrhunderts. Damit nicht genug: Im Dom finden sich vier weitere Narren-

Darstellungen aus dem späten Mittelalter, in den Brandenburger Pfarrkirchen St. Katharinen und St. Gotthardt drei und eine besonders hübsche in der alten Bischofsburg in Ziesar. Aus der Entstehungszeit des ersten Eulenspiegel-Buches stammt ein Schand- oder Lästerstein mit einem Horn blasenden Narren auf der Vorderseite. Dieser Stein gehört seit mehr als 100 Jahren zum Bestand des Museums in der Stadt Mühlberg/Elbe.

Till Eulenspiegel ist und bleibt ein Geist und trägt sich jeder Zeit in ihrer Art an. Der Wunsch, den Narren auch in der eigenen Stadt gehabt zu haben, hat im Laufe der Zeit immer neue Eulenspiegeleien hervorgebracht und bekannte Geschichten an andere Orte versetzt. Gibt es einen Grund, ausgerechnet heute damit Schluss zu machen? Gibt es nicht. Also wünsche ich Ihnen viel Spaß beim Lesen, weiter erzählen und neu entdecken!

Eines noch: Wenn irgendwer eine aktenkundige Erklärung findet, warum man Ende der 1930er-Jahre im osthavelländischen Elstal eine Siedlung nach Eulenspiegel benannt und ihm gleich noch ein Denkmal gesetzt hat, der soll sich gefälligst melden!

Brandenburg an der Havel, im Juni 2016
Heiko Hesse

Wie Till Eulenspiegel in Angermünde einen wütenden Müller überlistete

Wer ohne Geld im Beutel einen Krug betritt und es sich dennoch gut gehen lassen will, muss sich schon etwas einfallen lassen, um nicht als Zechpreller im Schuldturm zu landen. Indes macht eine große Klappe allein noch nicht satt. Es bedarf auch eines willigen Gegenspielers, der am Ende für Speis und Trank zahlt. Diesen suchte und fand Bruder Listig in einer Angermünder Schenke in einem Müller, der vom Dorfe in die Stadt gekommen war, um dieses und jenes zu besorgen. Till Eulenspiegel war auf Müller nicht gut zu sprechen. Oft hatte er erfahren, wie Männer dieser Zunft die armen Bauern ein ums andere Mal übervorteilten und sich von ihnen das Mahlen über alle Maßen vergüten ließen. Mancher Müller hatte gar die Gewichte übel gefälscht.

Eine Weile hielt sich Till Eulenspiegel in einem Winkel der Schenke verborgen und lauschte, was dieser Müller mit den Leuten ringsum zu bereden hatte. Bald sah er sich im Bilde bestätigt, das er sich von diesem Berufsstand gemalt hatte. Der Müller machte sich über die Bauern lustig, schimpfte sie einfältige Tölpel und berichtete mit größtem Vergnügen, wie es immer aufs Neue gelinge, ihnen mehr Korn abzunehmen, als ihm zustehe. Sollten die Schwarzmüller mit dem Teufel im Bunde sein, um ihr Auskommen erzielen zu können, er dankte dem Markgrafen für die Bestimmung, nach der alle Bauern im Umkreis seiner Mühle nur bei ihm das Korn mahlen lassen durften. Natürlich achte er stets darauf, den Bogen nicht zu überspannen, damit ihm erzürnte Landmänner nicht die Mühle in Brand setzten. So sprach er zu den Leuten und gemeinsam lachten sie über die schlichten Gemüter.

Das ist mein Mann, dachte sich Till Eulenspiegel. Der war mit Hirn nicht allzu reich gesegnet, hatte dafür umso mehr Selbstbewusstsein, gehörig Ehrgeiz und das nötige Kleingeld, um einen hungrigen und durstigen Schalksnarren zu versorgen. Wie zufällig gesellte sich Bruder Listig zu dem Müller und den Leuten bei ihm, und bald war er mit ihnen im Gespräch. Als wandernder Zimmermann sei er auch schon tölpelhaften Bauern begegnet, behauptete Eulenspiegel. Sofort hatte er das offene Ohr des Müllers. Wie sie sprachen, dabei munter speisten und das gute Angermünder Bier genossen, fiel die Rede auf das Kartenspiel. »Ach«, sprach Till Eulenspiegel, »wie gern würde ich es meisterlich beherrschen.« Aus seinem Beutel holte er ein Blatt hervor. »In Berlin bekam ich es, aber es brachte mir bisher kein Glück.« Der Müller, der sich im Kartenspiel offenbar gut verstand, bot sich an, es ihm zu zeigen. Auch die Umstehenden waren nicht abgeneigt.

»Nun«, sprach der Müller, »das Spiel ist das eine, aber der Reiz, dabei sein Geld mehren zu können, steigert doch die Lust ungemein.« Die Männer am Tisch pflichteten ihm bei. Eulenspiegel holte seinen dünnen Geldbeutel hervor. »Viel habe ich nicht, aber wenn ihr meint, dass es dazu gehört, soll es so sein.« Um es richtig lernen zu können, ließ sich Eulenspiegel vom Müller erklären, wie man die Karten sauber mischt und diese an die Spieler verteilt. Die erste Runde ging an den Müller, der ob des Gewinns außer sich vor Freude geriet, den Wirt hieß, frisch einzuschenken und Eulenspiegel anrief, neuerlich zu mischen und zu verteilen. Wieder gewann der Müller, wieder brach er in Jubel aus, warf mit Talern um sich und ließ das Bier strömen.

Bald war Till Eulenspiegels Geldbeutel leer, und für ihn wäre es mit dem Spiel wohl zu Ende gewesen, wenn sich in der dritten Runde nicht das Blatt gewendet hätte. »Anfängerglück«, quittierte der Müller den Gewinn Eulenspiegels. Dieser tat ganz verschämt und teilte wieder aus. Derweil entfaltete das Bier mehr und mehr seine Wirkung und keiner in der Runde merkte, dass Till Eulenspiegel weniger trank als die anderen. Als Till auch die fünfte Runde gewann, nahm ihm der Müller

die Karten ab, mischte selbst und teilte aus, was ihm ob des Alkohols im Blut nur mit Mühe gelang. Auch bekam er nicht mit, wie sich die anderen Männer je um je aus dem Kreise zurückzogen und den Krug verließen. Es mochte wohl die neunte Runde sein, als der Müller und Bruder Listig allein am Tische saßen. Der ehedem so fröhliche Müller war nun verbissen und ärgerlich, derweil ein schüchterner Eulenspiegel keine Erklärung fand, dass er beim Kartenspiel plötzlich solches Glück hatte. Was er wirklich dachte und mit den Karten unter dem Tisch trieb, blieb dem Müller natürlich verborgen.

Schließlich hatte Till Eulenspiegel dem Müller alles Geld abgeknöpft. Eben wollte ihm dieser seine Mühle als Einsatz anbieten, da sprach Eulenspiegel: »Lassen wir es dabei bewenden, nachher gewinne ich die Mühle noch und muss sie mit mir herumtragen.« Er sammelte die Karten ein, zahlte seine Zeche, wünschte allseits gute Nacht und ging. Wie nun der Müller seinen Teil an den Schenk zahlen sollte und nichts mehr hatte, rief der Wirt die Stadtknechte. Recht unsanft warfen sie den betrunkenen Müller in den Schuldturm. Dort musste er wohl einige Tage geschmachtet haben, bis es seinem Weib gelang, ihn nach Begleichung der Schuld freizubekommen. Nun war der Müller seinem Weibe deshalb nicht dankbar, sondern er schimpfte es, dass er solange im Turm sitzen musste. Die Frau solle sich gefälligst heimscheren und ihm ein gutes Mahl bereiten. Der Müller aber strebte dem nächsten Krug zu, um seinen Ärger hinunterzuspülen.

Wie er dort sein Geld verzehrt hatte, schwankte er heimwärts. Nun hatte ihm das Bier zwar die Sinne betäubt, aber so besoffen war der Müller noch nicht, dass er den bunten Vogel nicht erkannt hätte, der da an der Klostermauer lehnte und mit einem hübschen Mägdelein sprach. Jetzt bist du fällig, dachte sich der Müller, schlich sich an Till Eulenspiegel heran und packte ihn. »Nun gibst du Gauner mir mein Geld zurück«, rief er. Kreischend lief die Magd davon. Eulenspiegel mühte sich, den festen Händen zu entkommen, allein die Kraft besaß er nicht.

Der Müller schüttelte und würgte den armen Narren, dass Eulenspiegel bald schwindelig wurde. »Gib mir mein Geld«, brüllte der Müller, schüttelte und schüttelte. Till Eulenspiegel schwanden beinahe die Sinne, der Himmel drehte sich. Und die Klostermauer. »Die Mauer«, rief Eulenspiegel, »sie stürzt ein und begräbt uns.« Vor Schreck ließ der Müller los. Till Eulenspiegel rappelte sich auf. Nun hätte er seine Beine unter die Arme nehmen können und einfach fortlaufen. Schneller als der betrunkene Müller wäre er allemal gewesen.

Stattdessen stemmte sich Bruder Listig gegen die Klostermauer. »Hilf Müller, sonst erschlagen uns die Steine!« Mit aller Kraft drückte Eulenspiegel gegen die Mauer, ächzte und stöhnte wie unter einer übermächtigen Last. Der Müller wusste nicht recht, wie ihm geschah und schaute recht verdattert drein. »Nun los, Müller!«, rief Eulenspiegel erneut. Da erst warf sich auch der Müller mit seinen großen Händen gegen die hohe Mauer und drückte kräftig. »Kräftiger, drück kräftiger«, forderte Eulenspiegel. »Noch kräftiger kann ich nicht«, erwiderte der Müller. »Dann muss ich rasch Holz zum Abstützen holen, sonst sind wir verloren.« Der Müller wollte eben etwas erwidern, da fiel ihm Till Eulenspiegel ins Wort: »Bleib und halte aus, bis ich zurück bin. Ich beeile mich.« Und schon war der Narr fort.

Wie lange der Müller noch an der Klostermauer gestanden und gestemmt hat, weiß niemand. Till Eulenspiegel jedenfalls hat sich so schnell nicht wieder in Angermünde blicken lassen.

Wie Till Eulenspiegel einem gierigen Kaufmann zu Coelln das Fürchten lehrte

Die Spree brachte den Handwerkern und Kaufleuten viel Reichtum. Der Flecken Coelln, hart am Ufer des Flusses gelegen, wuchs rasch und beachtlich. Mehr und mehr Menschen kamen ins Dorf, bauten Häuser, schufen Werkstätten und legten Warenlager an. Ein paar Jahre mochten vergangen sein, als Till Eulenspiegel zuletzt in Coelln gewesen, deshalb staunte er sehr, wie er wieder Einzug hielt. Wo ehedem schiefe Katen und Buden gestanden hatten, erhoben sich nun feste Häuser. Einst staubige Wege waren befestigt, hier mit Bohlen, da mit Steinen. Eulenspiegel sah eine Vielzahl stolzer Männer in gutem Tuch und edle Damen in feinem Gewand, wo ihm bei seinem letzten Besuch nur Fischer, Büttner und Handwerker in schlichter, ja gar ärmlicher Kleidung begegnet waren.

Wohlwissend, der örtliche Krug ist stets die beste Quelle frischer Nachrichten, trat er in die Schenke dicht bei der Spree und dem Mühlendamm ein. Auch hier erblickte der Narr andere Leute als weiland. Seinerzeit hatten die Gäste des Kruges über den bunten Schelm gestaunt, kannten sie doch solch vielfältige Gewandung an einem einzelnen Menschen nicht. Nun fiel Till Eulenspiegel gar nicht mehr auf. Nicht, dass ihn dies gestört hätte. Im Gegenteil genoss er es, sich mit einem Becher Bier an einen Tisch zu setzen und zu lauschen, was die Leute zu erzählen hatten.

Besonders aufmerksam hörte er zu, als die Rede auf einen alten Mann fiel, dessen Ableben so mancher im Krug bedauerte. An diesen Mann hatte Till Eulenspiegel eine gute Erinnerung von seinem letzten Besuch, war dies doch ein guter Mensch, der stets gern gab, wenn es galt, einem armen Menschen aus der Not zu helfen. So bat der Narr den Wirt, ihm näher Auskunft zu geben. »Ach«, hob der Krüger an, »es ist wahrhaft eine traurige Sache um den alten Heinrich. Er und seine Ehegesponst mussten ihre gute Hütte räumen, kamen in eine miserable, feuchte Kate, in der er kläglich zugrunde ging.«

Till Eulenspiegel drang auf den Wirt ein, mehr zu erfahren. »Ein Kaufmann, der vom Abend nach Coelln gekommen war, hatte das Land erworben, auf dem das Haus unseres Heinrichs stand und sogleich die Pacht erhoben und eingefordert. Wie der Alte nun nicht zahlen konnte, bot ihm der Kaufmann an, die Schuld zu erlassen, wenn Heinrich und sein Weib nur rasch das Haus verließen. Obendrein versprach er den alten Leuten noch einen Beutel voller Geld, damit sie sich in einer neuen Bleibe einrichten könnten.« »Und«, fragte Eulenspiegel, »was haben die Alten getan?« Der Wirt winkte ab: »Heinrich hätte den Kaufmann am liebsten aus dem Dorf getrieben, doch sein Weib hieß ihn, umsichtig zu sein. Wie der Kaufmann sah, dass mit Heinrich nicht gut Kirschen essen war, drohte er. Bis zum nächsten Tag gebe er ihm Zeit, das Angebot zu überdenken. Sonst komme er mit den Stadtknechten und lasse die beiden Alten mitsamt ihrer Hütte von seinem Land werfen.«

Still lauschte Eulenspiegel. Der Schenk setzte nach: »Wie der Kaufmann am nächsten Tag mit einem Fähnlein Stadtknechte vor der Hütte auftauchte, trat das Weib heraus und bat um Vergebung für die harten Worte ihres Mannes. Der Kaufmann warf der Alten einen kleinen Beutel mit Geld zu und hieß sie barsch, binnen einer Woche ausgezogen zu sein. Die alte Hütte könnten sie getrost stehen lassen. In seiner Güte, so sprach er wirklich, kümmere er sich darum, dass diese verschwinde.«

Derlei Begebenheiten hatte Till Eulenspiegel schon in anderen Orten gehört, in denen der Reichtum Einzug gehalten hatte. Wer gut Geld hatte, bekam noch mehr, ihm öffneten sich alle Tore. Was einer war, was einer ehedem Gutes geleistet hatte, galt nichts, solange er kein Geld hatte, wenn es darauf ankam. Eulenspiegel zahlte sein Bier, dankte für das Gespräch und ging zu der Stelle, an der er die Hütte Heinrichs wähnte.

Gewiss hatte der Kaufmann die Hütte längst abgerissen und ein großes Haus auf den Platz gebaut, dachte Eulenspiegel. Daher erstaunte es ihn, als er das Häuschen nicht abgerissen fand. Der Kaufmann hatte es ausgebaut, ein paar Räume zugefügt und ein größeres Dach drauf gesetzt.

Die Witwe aber fand Till Eulenspiegel in einem fürwahr feuchten, dunklen Loch. Kein Wunder, dass Heinrich darin eingegangen war. Und auch die Alte würde wohl kaum das nächste Jahr erleben, wenn ihr keiner half.

Nun, Till Eulenspiegel kannte den Kaufmann nicht und hoffte insgeheim, diesen zu bewegen, der Alten zu einer besseren Zukunft zu verhelfen. Wie er wieder vor das Haus trat, das kürzlich noch die Hütte der Alten war, erblickte er den Kaufmann. Eben wollte er ihn ansprechen, da kamen ihm zwei fein gewandete Leute zuvor. »Seht«, sprach sie der Kaufmann an, »was ich aus der schäbigen Hütte gemacht habe – ein neues Haus habe ich gebaut, Euch zum Wohlgefallen.« Eulenspiegel verbarg sich hinter eine Ecke, um besser lauschen zu können. Die feinen Leute, ganz offenbar ein Edelmann und sein Weib, nickten wohl und ließen sich vom Kaufmann durch das Haus führen. Wie sie wieder vor die Türe traten, war das Weib voll des Lobes und die Männer machten das Geschäft, der Kaufmann erhielt einen Geldbeutel. »So gebe ich Euch mein Haus für ein Jahr«, sprach er, »dann schauen wir, wie sich der Zins entwickelt hat.« Hier scheinen alle Messen gesungen, dachte Eulenspiegel betrübt und ging in den Krug.

Es währte nicht lang, da zogen der Edelmann und sein Weib in das Haus ein. Am Abend ging der Mann noch einmal fort. Das Weib machte es sich bequem und wollte eben zu Bett gehen, da hörte es ein Scharren und Schaben. Die Frau rief den Namen ihres Gatten, doch bekam keine Antwort. Schlurfende Schritte näherten sich dem Raum, in dem das Weib saß. Ihm ward bang und bänger. Zaghaft tat sich die Türe auf und ein alter Mann schlurfte hinein. Es war dies der Raum, der ehedem Heinrich und seinem Weib als Stube gedient hatte und in dem eine Feuerstelle Wärme bot. Just davor setzte sich der alte

Mann, hielt die Hände gegen das Feuer und schüttelte sich die Kälte aus den Gliedern. Von dem Weib, das bangen Blicks in der Ecke saß, nahm er keine Notiz. Nicht einmal, als es ihn anrief und bat, sich zu erklären.

Eine Weile mochte der Alte gesessen haben, da erhob er sich, wandte sich dem ängstlichen Weib zu und sprach: »Das ist mein Heim und wird es immer bleiben. Mag ich auch gestorben sein, so kehre ich stets zurück.« Sprach's und verschwand. Wie der Edelmann heimkehrte, drang sein Weib auf ihn ein, dieses Haus gleich am nächsten Tag zu verlassen. Mit einem Geist wolle sie sich das Heim nicht teilen. Der Kaufmann meinte, der Edelmann treibe einen schlechten Scherz mit ihm, doch als dieser drohte, ihn vor den Rat zu ziehen, gab der Kaufmann klein bei und löste den Handel.

Ein paar Tage vergingen, da fand sich ein reicher Schiffer, der sich mit seinem Weib in besagtem Haus niederlassen wollte. Das Weib war entzückt von den Räumen und so kamen die Männer rasch überein. Der Kaufmann erhielt einen Geldbeutel. »So gebe ich Euch mein Haus für ein Jahr«, sprach er, »dann schauen wir, wie sich der Zins entwickelt hat.« Der Schiffer ließ seine Habe bringen, und seine Frau richtete alles ein. Ehe es ihn am nächsten Tag über Spree und Havel die Elbe hinab ziehen sollte, wollte der Schiffer noch einige Erledigungen treffen. »Geh nur«, sprach das Weib, »ich mache derweil hier alles fein.«

Zu später Stunde wollte die Frau zu Bett gehen, da vernahm sie ein Scharren und Schaben im Haus. Sie rief nach ihrem Gatten, doch es kam keine Antwort. Schlurfende Schritte näherten sich dem Raum, in dem das Weib saß. Ihm ward bang und bänger. Zaghaft tat sich die Türe auf und wieder schlurfte der alte Mann hinein. Neuerlich nahm er an der Feuerstelle Platz, hielt die Hände gegen das Feuer und schüttelte sich die Kälte aus den Gliedern. Von dem Weib, das ängstlich in der Ecke saß, nahm er keine Notiz. Nicht einmal, als es ihn anrief und bat, sich zu erklären. Doch anders als das Weib des Edelmanns war die Schifferin ein wenig mutiger. So trat sie an den Alten heran, legte ihre Hand auf seine Schulter und sagte: »He Alter, was suchst du hier?« Der Alte schlug die Hand von der Schulter, erhob sich mit einem Ruck und grollte: »Wer bist du, dass du es wagst, mich in meinem Heim zu bedrängen? Wenn ich wiederkehre, bist du fort oder es soll dir schlecht ergehen.« Der Alte hatte kaum das Haus verlassen, da lief die Schifferin zu ihrem Ehegesponst und berichtete von der schaurigen Begegnung.

Anderntags löste er den Kontrakt mit dem Kaufmann. Derweil verbreitete sich die Kunde vom Geisterhaus rasch in Coelln. Der Kaufmann fand niemanden mehr, dem er sein Haus antragen konnte, wohl aber für sein eigenes, das er nun verkaufte und selbst in das Haus zog, das einst Heinrich und seinem Weib gehörte. Doch die Magd, die ihm viele Jahre treu ergeben war, trat unverzüglich aus seinem Dienst, als sie erfuhr, wo sie fortan arbeiten sollte. Eine neue fand er nicht. So war er allein in dem Haus, musste selbst das Feuer entfachen und sich eine Suppe im Topf bereiten.

Wie er zu später Stunde zu Bett gehen wollte, vernahm er ein Scharren und Schaben. Schlurfende Schritte näherten sich dem Raum, in dem er saß. Sollte es wahr sein, was die Leute sagten? Zaghaft tat sich die Türe auf und ein alter Mann schlurfte hinein. Er setzte sich ans Feuer, streckte die Hände den wärmenden Flammen entgegen und schüttelte die Kälte aus den Gliedern. Der Kaufmann sprang auf und griff nach seinem Schwert, das ihm schon so oft im Kampf gegen Räuber und Wegelagerer gute Dienste erwiesen hatte, und rief: »Scher dich aus meinem Haus! Oder ich schlag dir den Kopf ab!« Drohend schwang er das Schwert über sich. Der Alte erhob sich, blickte in des Kaufmanns Augen, dann auf das Schwert. Und sprach: »Wie willst du mir ohne Klinge den Kopf abschlagen?« Der Kaufmann erstarrte. Tatsächlich hielt er nur den Schaft in der Hand, die Klinge war fort. Er griff nach dem Messer an seinem Gürtel. Auch ihm fehlte die Klinge. »Das ist mein Haus«, sprach der Alte, »hier hört alles auf mich.« Da packte den Kaufmann der Zorn. »Mag sein, aber nicht meine Fäuste, einem klapprigen Alten zeigen sie immer noch, wer hier der Meister ist.« Wie ein wütender Stier lief der Kaufmann auf den Alten zu. Doch dieser trat behend zur Seite, packte den Kaufmann am Gewand und schob ihn gegen die Wand, dass es krachte. Dem Kaufmann schwanden die Sinne.

Wie der Morgen graute und sich die Gassen mit Leben füllten, hob vor dem Haus ein großes Geschrei an. Dort lag der Kaufmann im Dreck, gefesselt an Händen und Beinen und bar jeder Kleidung. Aufgeregte Kinder liefen um ihn herum, Weiber kreischten und feixten. So etwas hatte man in Cölln noch nicht gesehen. Der Kaufmann konnte bitten und betteln, niemand löste ihm die Fesseln. Da drängte sich der Alte hindurch. Die Weiber erschraken und stoben beiseite. »Der Geist des alten Heinrich«, riefen sie und liefen fort. Der Alte warf dem Kaufmann ein Bündel Kleider vor die Füße und löste die Fesseln. Und sprach: »Du hast mir das Leben genommen, ich nahm dir nur kurz die Ehre. Nun scher dich zum Teufel und lass dich hier nicht mehr blicken.« Der Kaufmann presste das Bündel an sein Gemächt und verschwand.

Wenig später kehrte Heinrichs Witwe in ihr Heim zurück. Till Eulenspiegel aber schüttelte sich das Mehl aus den Haaren und vom Leib und gab der Alten das Gewand ihres verstorbenen Mannes wieder. »Bewahrt ihn wohl in Eurer Erinnerung«, sprach Bruder Listig zur Witwe, »nun kehrt der gute Heinrich wohl auch als Geist nicht wieder.«

Wie Till Eulenspiegel in Berlin Wölfe machte

Nach reichlich durchzechter Nacht legte sich Till Eulenspiegel in Fürstenwalde in einen Kahn und ward froh, dass ihn das ruhige Strömen der Spree mild in den Schlaf wiegte. Der neue Tag hatte bereits den Zenit erreicht, da erwachte der Narr und war erstaunt, dass er im Kahn mit dem Fluss weiter nach dem Meere zu gezogen war. Wie Fürstenwalde sah es hier gewiss nicht mehr aus, doch bald schon traten die grünen Ufer mit ihren Wiesen und Wäldern zurück und dichtes Bauwerk bestimmte das Bild am Gewässer. Cölln auf der einen Seite, Berlin auf der anderen – nun fiel es ihm wieder ein. Beide Orte kannte Eulenspiegel wohl und so hielt er es für angezeigt, den Kahn an das Berliner Ufer zu lenken und an Land zu gehen.

Den letzten Heller hatte er in Fürstenwalde gelassen, also musste er sich etwas verdienen. Wie er durch die staubigen Straßen und Gassen Berlins zog, schaute er hier, sah er dort, doch kein Gewerk schien ihm geeinigt, beim Meister um Arbeit vorzusprechen. Nach dem Spandauer Tor zu aber erblickte der Narr vor einem Haus eine große Zahl aufgeregter Leute. Neugierig genug, alles erfahren zu wollen, trat Bruder Listig heran und lauschte. In dem Haus hatte ein Kürschner seine Werkstatt und die Leute waren darauf aus, von ihm allein Pelze gemacht zu bekommen. Diese Werkstatt galt als die beste ihres Faches, und so versteht es sich, dass ein jeder hier seine Pelze machen oder richten lassen wollte. Zu dieser Zeit waren besonders die Wolfspelze begehrte Ware.

Wie Till Eulenspiegel sah, dass der Meister all die Wünsche nicht allein bedienen konnte, trat er vor ihn und erbot sich, bei ihm zu arbeiten. Erst meinte der Narr, er verstehe nicht, was

der Meister erwiderte. Dann wurde er gewahr, dass dies ein Schwabe war, einer, der seinem Rufe gerecht wurde, ein tüchtiger und strebsamer Handwerker zu sein. Angesichts der Fülle seiner Aufträge war der Meister froh und sprach: »Kannst du denn auch Wölfe machen?« Der Narr nickte brav und so war er eingestellt.

Der Meister wies dem neuen Gesellen eine Stube zu und gab ihm reichlich Felle vom Wolf. Sie waren gehärt und bereit, zu Pelzen gearbeitet zu werden. Zu jedem Fell gab der Kürschnermeister das Maß, ob dies ein großer oder ein kleiner Wolf werden sollte. Till Eulenspiegel hörte wohl und machte sich hernach sogleich an die Arbeit. Er schnitt die Felle zu, füllte sie mit Heu, steckte Stecken in sie und siehe da – sie sahen aus wie echte Wölfe, die wohl noch am Leben waren.

Alle Felle waren verarbeitet, da rief Eulenspiegel den Meister an, ihm neue Arbeit zu geben. Wie erschrak dieser und fluchte in der Art seiner Väter und Vorväter, dass es Eulenspiegel nicht verstand. Was dies zu bedeuten habe, wollte er wissen. »Warum zum Teufel hast du mir diesen Schaden angerichtet?« Doch Eulenspiegel schaute verlegen und sprach: »Ihr habt mich geheißen, Wölfe zu machen, also habe ich Wölfe gemacht. Hättet Ihr mich geheißen, Wolfspelze zu machen, hätte ich Wolfspelze gemacht.« Wie nun der Meister grimmig drein sah, setzte der Narr nach: »Und hätte ich gewusst, dass ich so wenig Dank ernte, ich hätte gewiss nicht so viel Fleiß auf diese Aufgabe verwandt.«

Dass ihm der Schwabe allerlei böse Worte hinterdrein rief, hörte Till Eulenspiegel wohl, allein er verstand die Sprache nicht, also war es ihm einerlei, was des Meisters Flüche zu bedeuten hatten. In Berlin jedenfalls brauchte er so bald nicht neuerlich um Arbeit bitten, also machte er, dass er durch das Spandauer Tor rasch hinauskam und seiner Wege ging.

Wie Till Eulenspiegel einmal Ärmel an den Rock werfen sollte

Im Städtchen Berlin, hart am Ufer der Spree, hatte vor Zeiten ein Schneider seine Werkstatt. Dem war eben der Geselle abhandengekommen, und so passte es, dass sich Till Eulenspiegel anbot, diese Arbeit zu verrichten. Bei alledem, was Bruder Listig vorgab, in der Welt gelernt zu haben, war das Schneiderhandwerk noch eines der leichtesten.

So meinte es der Schelm, doch wie der Meister sah, dass sein neuer Geselle mit reichlich Garn einen dicken Faden durch die Stoffe zog, schimpfte er ihn: »Bursche, sei gescheit, wenn du nähst, dann so, dass es niemand sieht.« Sprach's und trat aus der Stube. Wie wunderte sich der Schneidermeister, als er zurückkehrte und die Werkstatt verwaist fand. Er suchte in allen Ecken. Erst als er in rief, rumorte es unter einem großen Bottich. Der Meister wand diesen um und siehe da: Darunter saß Eulenspiegel und nähte. Was dies zu bedeuten habe, fragte der Meister. Till Eulenspiegel sprach: »Ihr habt mich geheißen, so zu nähen, dass es niemand sieht. Nicht einmal ihr habt mich gesehen, obgleich Ihr wusstet, dass ich hier bin.« Der Meister rollte mit den Augen. »Du Narr, natürlich sollst du zu sehen sein, aber nicht die Nähte, die du ziehst.«

Drei Tage später ging es auf den Abend zu. Der Meister war müde und es zog ihn in seine Kammer. Doch war da ein Werk, das es noch zu vollenden galt. So reichte der Meister seinem Gesellen einen Bauernrock aus grobem Tuch, den man ob seiner grauen Farbe »Wolf« nannte. Er sprach: »Mache den Wolf noch fertig und gehe dann selbst zu Bett.« Till Eulenspiegel tat, wie ihm geheißen. Er schnitt den Rock so zurecht, dass er bald wie ein wahrer Isegrim aussah. Mit ein paar Stecken spreizte er das

Tuch, stellte es in der Werkstatt zurecht, besah sich das Werk, befand es für gut und schritt zur Nachtruhe.

Am nächsten Morgen war der Meister als erster auf den Beinen, doch wie er in die Werkstatt trat und vor ihm ein Wolf stand, erschrak er fürchterlich. Rasch indes merkte er, dass es kein Tier war, sondern ein verwandelter Bauernrock. Der Meister warf den Gesellen aus dem Bett, schüttelte ihn und rief: »Solchen Wolf meinte ich nicht. Den Bauernrock, den nennt man allgemein Wolf.« Verlegen bat Till Eulenspiegel abermals um Vergebung, habe er doch gemeint, alles richtig auszuführen. Nun, der Meister ließ es dabei bewenden, gleichwohl ihn der Verlust des Tuches grämte. Aber was sollte er tun? Gesellen fielen nicht von den Bäumen.

Vier Tage waren ins Land gegangen, da sprach der Meister zu Till Eulenspiegel: »Ich will rasch in den Krug und weiß nicht, wann ich zurück bin. Wirf noch die Ärmel an die Jacke da und geh zu Bett.« Kaum war der Meister fort, nahm der Geselle die Jacke und hängte sie an die Wand. Um besser zu sehen, entzündete er eine Kerze und warf die Ärmel nach der Jacke, erst einen, dann den anderen. Allein, sie wollten nicht an der Jacke bleiben und fielen herab. Also hob Eulenspiegel sie auf und warf sie neuerlich. Wieder hielten sie nicht, aber der Geselle verzagte nicht und warf und warf und warf. War eine Kerze niedergebrannt, entzündete er die nächste, und so ging es durch die Nacht.

Der Schneider trat andern morgens in die Werkstatt und staunte über die Maßen. Da stand ein müder Geselle und warf die Ärmel nach der Jacke. Ein halbes Dutzend Wachsflecken verriet ihm, wie viele Kerzen verbraucht worden waren. »Was machst du hier für ein Gaukelspiel?«, rief der Meister. Nun war es Eulenspiegel, der grimmig ward: »Herr, das ist kein Gaukelspiel. Ich habe die ganze Nacht gestanden und geworfen, aber diese Ärmel sind nicht kleben geblieben.« Der Schneider rang um Fassung und schimpfte: »Das sagt man doch nur so, wenn man meint, eine Kleinigkeit rasch anzunähen.« Nicht minder grimmig raunte Eulenspiegel: »Warum sagt Ihr es denn nicht so, wie Ihr es meint? Dann hätte ich die Ärmel zügig angenäht und wäre schon vor Stunden ins Bett gekommen.« »Du bist mir ein schöner Gesell«, keifte der Meister zurück, »willst ein Schneider sein und kennst nicht die einfachsten Begriffe unseres Handwerkes. So einen brauche ich hier nicht.«

Till Eulenspiegel packte rasch seine Sachen und wollte eben scheiden, da rief ihn der Meister an: »Du musst mir noch die Kerzen bezahlen, die du in der Nacht aufgebraucht hast.« Der wütende und müde Narr aber hob drohend die Faust und erwiderte: »Das schlagt Euch aus dem Kopf.« Der Schneider duckte sich, fürchtete er doch, Eulenspiegel schlage ihm sogleich auf den Schädel. Als er wieder aufschaute, war Bruder Listig auf und davon.

Wie Till Eulenspiegel und ein Bär einmal die Bernauer retteten

Dazumal trieben sich in den Marken viele wilde Horden wütender Krieger herum. Manche zu Pferde, die anderen zu Fuß, rannten sie ein Dorf nach dem anderen nieder. Wer sich ihnen in den Weg stellte, trat rasch seinem Schöpfer gegenüber. Der Schnitter hielt reiche Ernte. Die Menschen hatten selbst kaum genug zu essen. Was ihnen die fremden Söldner nahmen, fehlte in der harten Winterszeit.

Eines Tages rauschte die Woge der wilden Kerle auf das Städtchen Bernau zu. Die Leute bangten um ihr Hab und Gut und verrammelten Haus und Hof. Till Eulenspiegel war eben von Berlin hergekommen und wollte am nächsten Morgen weiter nach dem Norden zu. Unterwegs hatte sich ein Bärenführer mit seinem stolzen Meister Petz zu ihm gesellt. »He!«, warnte ihn der Hauptmann am Stadttor. »Seid keine Narren und lauft rasch nach dort zurück, woher ihr gekommen seid. Hier tut sich gleich das Tor zur Hölle auf!« Till Eulenspiegel aber sprach: »Und Ihr? Wollt Ihr Euch mit Handwerkern, Gesindel und Ackerbürgern der Horde entgegenstellen?« Der Hauptmann erwiderte trotzig: »Wie sonst sollten wir unsere kleine Habe schützen?«

Till Eulenspiegel besprach sich mit dem Bärenführer. Der stimmte zu, und so bat Bruder Listig den Hauptmann, zum Bürgermeister geführt zu werden. So und so kann es gelingen, sprach er zum ersten Mann der Stadt und erbat dessen Gewandung. Der Bürgermeister wusste nicht so recht, was er darüber denken sollte, aber einen besseren Vorschlag hatte er nicht. So gab er Till Eulenspiegel sein Gewand und hieß die Bernauer, auf den Narren zu hören, der ja nun ihr Bürgermeister sei.

Bruder Listig ging nun der Landsknechts-Meute entgegen und ließ sich zu ihrem Hauptmann führen. Das war ein kräftiger Kerl, wie man ihn weit und breit selten sah. »Seid willkommen in unserem bescheidenen Städtchen, kühner Hauptmann«, sprach Till Eulenspiegel freundlich. Da staunte der Hauptmann sehr, denn solche Freundlichkeit kannte er nicht in diesen finsteren Zeiten. So entrichtete auch er die Tageszeit. Till Eulenspiegel führte die Mannen durch das Steintor in die Stadt. Die Weiber hieß er, den Fremden ein Mahl zu bereiten. Den Krügern befahl er, das beste Bier aus dem Keller zu holen. »Was dem Markgrafen schon Lobsal war, soll uns für Euch nur recht sein«, sprach Eulenspiegel. Bald feierten die Söldner ein fürwahr stattliches Gelage.

Da die Krüger der Stadt Fass um Fass heranrollten, waren die Fremden bald voll des Trunkes und ziemlich von Sinnen. Da trat der verkleidete Eulenspiegel an den Hauptmann der Horde heran und sprach: »Ich hörte von Eurer ungeheuren Stärke. Ihr sollt Bäume ausreißen, wenn Ihr es wollt, und Steine so weit werfen, wie sonst keiner kann.« Der Hauptmann, ein eitler Gesell, fühlte sich geehrt: »So spricht man wohl, denn es ist wahr.« Eulenspiegel erwiderte: »Mein Oheim aber meint, dass Ihr unseren wackeren Heinrich nicht bezwingen könnt. Möget Ihr noch so stark sein, unser Heinrich sei kräftiger.« Das mochte der Hauptmann überhaupt nicht hören. »Ich habe noch jeden bezwungen und werde auch mit eurem Heinrich fertig. So lauft und bringt ihn mir, auf dass ich ihn niederlegen kann.« Till Eulenspiegel eilte, hieß die Mundschenke aber, das Bier reichlich weiter fließen zu lassen. So soffen die wilden Kerle, als wäre es das letzte Bier in ihrem verderbten Leben.

Besagter Heinrich aber war kein geringerer als der Tanzbär, der mit seinem Führer im Hof eines Ackerbürgers ausharrte. Dem Tiere ließ Till Eulenspiegel ausrichten, es möge mit dem fremden Hauptmann tanzen, und zwar immerfort. Das Tanzen war nun des Bären Leidenschaft. Auch versprach Till Eulenspiegel dem Bären und seinem Führer ein gutes Mahl, wenn den Bernauern der Tanz mit dem Hauptmann gefalle.

Nun kleidete man den Bären mit einer ordentlichen Jacke und einem Hut und brachte ihn zu den Söldnern. Denen hatte das gute Bier so gut geschmeckt, dass sie sich kaum noch auf den Beinen halten konnten. Auch der Hauptmann war des Trunkes voll. So sah er wohl, dass man ihm einen stattlichen Gesell zuführte. Dass dies ein Bär war, das erkannte der Hauptmann nicht, so trügten ihn die Sinne. Also rief er kühn: »So, so, du bist nun der starke Heinrich, der mich bezwingen will. Komm nur her und lerne deinen Meister kennen.«

Der Führer ließ den Bären von der Kette. Der Petz trat an den wankenden Hauptmann und griff dessen Hände. Just da gab Till Eulenspiegel ein verabredetes Zeichen und Musiker ließen ihre Flöten, Sackpfeifen und Trommeln sprechen. Oh, was freute dies den Bären. Munter drehte er mit dem Hauptmann eine Runde nach der anderen, schneller und immer schneller. Gewiss, dieser zappelte und schrie. Allein es nützte ihm wenig. Der Bär hatte ihn fest im Griff und da die Musik nicht verstummte, tanzte Meister Petz immer weiter, immer zu.

Die Bernauer erkannten die List des verkleideten Bürgermeisters wohl. Sie johlten und klatschten vor Freude. Die berauschten Söldner aber bekamen es mit der Angst zu tun. Sahen sie doch ihren zappelnden Hauptmann, der gegen seinen Gegner machtlos schien.

Der Bär, ein fürwahr geübter Tänzer, drehte sich noch schneller. Der Jubel der Leute beflügelte ihn. Den Hauptmann aber verließ die Kraft. Es dauerte nicht lang, da hing er wie ein nasser Sack in den Armen des Bären. Als Till Eulenspiegel dies sah, gebot er den Musikern Einhalt. Der Bärenführer hieß seinen Gefährten, den Tanz zu beenden.

Der Hauptmann sank zusammen und war tot. Da fuhr den Söldnern der Schrecken in die Glieder. Dieser merkwürdige Heinrich hatte ihren Anführer auf höchst sonderbare Weise vom Leben zum Tode gebracht. Kein Knochen war gebrochen, kein Messer hatte ihn gestochen, kein falscher Wein ihn vergiftet – und doch ward alles Leben aus ihm entwichen. »Mag es noch jemand mit unserem Heinrich aufnehmen?«, rief Till Eulenspiegel in die Runde. Die Söldner taumelten zurück. Rasch hoben sie ihren entseelten Hauptmann auf und trugen ihn durch das Berliner Tor aus der Stadt hinaus.

Die Bernauer wussten, was sie Bruder Listig, dem Bärenführer und dem Petz schuldig waren. Noch lange sprach man im Städtchen von dem großen und fröhlichen Fest, das ihnen zu Ehren gefeiert worden war. Dass man diesem Bären im Wappen der Stadt ein ewiges Angedenken setzte, mag durchaus geschehen sein, ist aber nach den verheerenden Bränden, von denen Bernau einige erleiden musste, nicht mehr zu belegen.

Wie Till Eulenspiegel einmal eine Steinsuppe kochte

Kurz hinter Blankenfelde und kurz vor Mahlow war es wohl, als Till Eulenspiegel großer Hunger befiel. Bis Zossen, das war sein Ziel an diesem Tage, hatte er noch ein gutes Stück zu laufen. So trat der Narr bei einem Bauern ans Haus und bat um etwas Brot und einen guten Schluck. Hier und da stieß Eulenspiegel auf freundliche Menschen mit heiterem Gemüt, die von dem wenigen, das sie hatten, gern etwas gaben. Dieser Landmann aber hatte von seinem Vater gelernt: Selber essen macht dick. Bettelpack hat man die Tür zu weisen. Nun wollte er den Fremden aber nicht einfach brüsk abweisen, das getraute sich das Bäuerlein nicht. Also log er, er wisse gerade selbst nicht, wie er sein Weib und die Kinder satt ins Bett bekomme.

»Nun denn«, erwiderte Bruder Listig, »dann müssen wir Hungerleider doch zusammenstehen.« Der Bauer staunte ob dieser Worte. Till Eulenspiegel aber nahm aus seiner Tasche einen Stein und sprach zum Bauern: »So lass uns denn eine gute Steinsuppe kochen.« Den Bauern hieß Eulenspiegel einen Kessel mit Wasser zu füllen und auf ein gutes Feuer zu stellen. Das brave Weib des Landmanns tat dieses, auch die Kinder kamen herbei, um zu sehen, was der seltsam gewandete Fremde bereiten wolle. »Ja schaut nur«, sprach der Narr, »wie ich mit diesem Stein eine fürwahr feine Suppe kochen werde.«

Till Eulenspiegel legte den Stein mit Bedacht in das heiße Wasser. Der Landmann, sein Weib und die muntere Kinderschar lugten in den Kessel, auf dessen Grund der Stein nun lag. Bruder Listig schnupperte an dem Dampf, der aus dem Kessel aufstieg, und sprach: »Mir scheint, das Wasser ist doch recht fad. Riecht selbst.« Bauer, Weib und Kinder hielten ihre Nasen

in den Dampf. »Riecht Ihr etwas?«, fragte Eulenspiegel. Sie schüttelten ihre Köpfe. »Diesem Wasser fehlen Ingredienzien, die eine schmackhafte Suppe braucht. So müssen wir sie hinzufügen.«

»Eine Zwiebel wird wohl helfen«, sprach Eulenspiegel. Das Weib eilte ins Haus und kehrte flugs mit solchem Gemüse zurück. Der Narr teilte die Zwiebel in kleine Stücke und warf diese in den Kessel. Nun war es das Weib, das als erste ihre Nase in den Dampf hielt und sprach: »Nun gewiss rieche ich ein wenig Zwiebel, aber das macht noch keine schmackhafte Suppe aus.« Die Frau trat ab und kehrte mit einigen guten Kräutern zurück. Kerbel, Beifuss und Bärlauch tat sie hinein.

Hernach besprachen sich die Kinder und meinten, etwas Festes in der Suppe täte der Speise gewiss gut. Die Eltern pflichteten bei und so gingen die Kinder auseinander. Ein jedes kam rasch mit einer anderen Frucht aus Gottes großem Garten zurück und tat sie in den Kessel. Es waren dies Pastinaken, Bohnen und dicke Rüben. Der Narr und die Bauersleute rochen, dass die Suppe eine feine wurde. Nun war es der Landmann, dem etwas fehlte. »Der Suppe mangelt es an Kraft, sonst ist sie gut.« Aus der Speisekammer holte er ein gutes Stück Speck, schnitt es in kleine Teile und gab sie in den Kessel. Und fürwahr: Ein würziger Wohlgeruch entströmte dem Gefäß und zauberte den Umstehenden ein Lächeln auf das Antlitz.

Till Eulenspiegel ließ die Suppe nun eine Weile köcheln, ehe er den Kessel vom Feuer nahm und die Familie hieß, sich zu bedienen. Ein jeder holte seinen Löffel und langte zu. »Nun noch ein wenig Brot«, meinte da das Weib, holte einen Laib und teilte ihn. Mit Demut und Genuss verzehrten sie die Suppe und es währte nicht lang, da war der Kessel leer. »Seht«, sprach der Bauer, »nur Euer Stein ist noch da.« Till Eulenspiegel nahm ihn, steckte ihn in den Mund und lutschte ihn ab. Alsdann besah er sich den Stein und sprach: »Aber mir scheint, er ist wieder ein wenig kleiner geworden.« Bruder Listig tat den Stein in seinen Beutel, dankte der Familie für das freundliche Mahl und zog weiter über Mahlow gen Zossen.

Wie sich Till Eulenspiegel in Bötzow von den Fesseln befreite

In Bötzow war es, da hatte es Till Eulenspiegel zu arg mit den Leuten getrieben. In der Schenke, die unterhalb der Burg lag, waren ihm der Wirt und seine Gäste nicht auf den Leim gegangen. Eulenspiegel hatte fleißig gegessen und getrunken und wollte die Zeche mit einem lausigen Heller begleichen, wie er es andernorts mit Erfolg getan hatte. Der Krüger indes ließ sich nicht beirren und hieß seine treuesten Gäste, mit ihm den Narren zu packen, vor die Tür zu bringen und ihm eine gehörige Tracht Prügel als Nachtisch zu servieren. Dafür banden sie den Narren an einen Eichenbaum und wollten ihm für jeden Taler, den er nicht gezahlt hatte, zwei saftige Maulschellen verpassen, dass es im Geäst nur so wackelte. Zwei Mal hatten die groben Kerle zugelangt, da tat sich über ihnen der Himmel auf und es goss ohne Unterlass. Die Männer eilten in den Krug zurück und ließen Till Eulenspiegel gefesselt am Baum zurück.

Dies währte eine Weile und Eulenspiegel blieb nichts, als sein Schicksal zu erdulden. Der Guss ging vorüber, die Wolken brachen auf und die Sonne schickte sich an, den Narren zu trocknen. Da kam ein Mann des Wegs, gut gewandet und ungeheuer dick. Er schnaufte fürchterlich, wogte beim Gehen hin und her und stöhnte. Der Dicke war so mit sich befasst, dass er den gefesselten Narren nicht bemerkte.

Eulenspiegel sprach ihn an: »He Gevatter, was plagt Euch?« Der Dicke hielt inne, besah sich den sonderbaren Kerl am Baum da und trat näher. »Ach«, erwiderte er, »mir möchte wohl mein Bauch platzen.« Bruder Listig setzte nach: »So habt Ihr es Euch im Übermaß munden lassen, wie mir scheint.« Der Angesprochene rollte mit den Augen und sprach: »Aber wenn es doch

so gut schmeckt. Jedes Mal will ich Maß halten und jedes Mal finde ich kein End'. Ach, was schmerzt mich der Bauch so sehr.«

Eben wollte der Dicke wieder in sich kehren und jammernd weiterziehen, da sagte Till Eulenspiegel: »Ich kann Euch nur zu gut verstehen, mir ging es nicht anders.« Der Mann wandte sich um und besah den Narren, der nun wahrlich kein Bauchträger war. »Dir ging es nicht anders?«, wollte er von Eulenspiegel wissen. »Oh ja, auch ich fraß mit blanker Gier und mir war, als müsste ich gleich platzen. Da konnte ich nicht anders, als mich an diesen Baum binden zu lassen, mit festem Seil. Und wie Ihr seht, bin ich nicht geplatzt.«

Der Dicke schritt um die Eiche herum und nickte mit Bedacht. »Ich sehe, es hat dir geholfen.« Eulenspiegel fuhr fort: »Aber nicht das Seil allein war es, der Regen eben hat vieles abgewaschen. Nun bin ich wie erlöst.« Der Mann besah sich den Narren von oben bis unten. »Aber wenn du eben noch dick warst, warum sitzt dein Gewand nun so gut?« Bruder Listig meinte nur: »Ich sehe, Ihr versteht nichts vom Wäschewaschen und wisst nicht, dass Tuche kleiner werden, wenn sie in allzu warmes Wasser kommen. Der Regen eben war schon recht warm und mit der Hitze meiner inneren Unruhe ward es heiß auf der Haut.« Das leuchtete dem Dicken ein.

»Mir scheint, Ihr wolltet es selbst einmal probieren«, sagte Bruder Listig. Der Dicke willigte ein und löste das Seil. Hernach band ihn Eulenspiegel am Baume fest, und zwar, dass sich der Mann wirklich nicht rühren konnte. Wie er da so stand und Till Eulenspiegel gehen wollte, fragte er: »Wo willst du hin?« Der Narr blickte ihm in die Augen. »Ich muss nur rasch ein dringendes Geschäft erledigen.« Dies mochte der Dicke verstehen. Doch während er meinte, Till Eulenspiegel wollte nur rasch Blase und Gedärm entleeren, suchte dieser das Weite.

Ob diese Mär in Vergessenheit geriet, als man Bötzow in Oranienburg umbenannte, weiß heute keiner mehr. Dicke Leute mit Bauchschmerzen gibt es dort aber immer noch, ganz bestimmt. Und eine Eiche, die es zum Wahrzeichen des Ortes gebracht hat.

Wie Till Eulenspiegel die Boitzenburger Burgwächter überlistete

Einmal hatte Till Eulenspiegel dem Schwedter Bier reichlich zugesprochen. Wie ihm danach geschah und weshalb er sich am frühen Morgen außerhalb der Stadtmauern an der Straße nach Prenzlau wiederfand, das wusste er nicht. Wohl hätte er gern noch einmal die Augen zugetan, wenn er nicht ein klägliches Jammern vernommen hätte. Es kam aus einem dornigen Gesträuch, und wie er sich die Sache näher besah, entdeckte er ein Lämmlein zwischen den Ästen, das sich mit seinem Fell im Busch verfangen hatte. »Ei«, sprach Eulenspiegel zum Lamm, »bist du ein feiner Braten, der kommt meinem leeren Magen gerade recht.« Behend löste Till Eulenspiegel das Lamm aus dem Busch, sollte es sich doch nicht verletzen und ihm zum Fleisch auch ein gutes Fell geben.

Kaum befreit, er hielt das Tier im Arm, da traten zwei Wölfe aus der Deckung. Knurrend, die Zähne fletschend kamen die grauen Räuber näher. Eilig suchte Till Eulenspiegel nach einem Knüppel, wollte er sich seiner Haut erwehren und den Lammbraten nicht hergeben. Doch wie er auch suchte und mit der freien Hand um sich tastete, ihm kam nichts Geeignetes in die Finger. Näher und näher traten die Wölfe. Eben wollte er ihnen das Lamm schon entgegenwerfen, um wenigstens sein Leben zu retten, da traf einen Wolf etwas am Kopf, das den Räuber erschrecken und jaulen ließ. Der andere verhoffte, doch nicht lang, dann schlug auch an seinem Schädel etwas ein. Der Getroffene sackte ein, rappelte sich und lief davon, sein grauer Gefährte hintendrein.

Sie waren kaum weg, da kam ein junger Bursche gerannt. »Macht, dass ihr fortkommt«, rief er den Wölfen nach. Es war dies ein Hirte. Freudig schritt er auf den Narren zu. »Gott zum Gruße«, sprach er, »und Euch zum Danke, habt Ihr doch mein verlorenes Lämmlein gefunden und vor den Wölfen bewahrt.« Aus ist es mit dem Braten, dachte Eulenspiegel bei sich. Gleichwohl hoffte er, der Hirte würde ihm seine Tat vergelten. Daran tat er recht, und dieser Schafehüter fühlte sich dem bunten Fremden sehr zum Dank verpflichtet. Er führte Till Eulenspiegel zu seiner Herde, die bei einem Unterstand auf einer weiten Oderwiese ausharrte. Dort öffnete der Hirte seinen Zehrbeutel. Wie ein biblisches Füllhorn gab es gute Speisen preis, an denen sich beide reichlich laben konnten.

Da sprach Eulenspiegel: »Sagt, was war es, das die grauen Räuber in die Flucht getrieben hat?« Der Hirte nahm eine Schleuder hervor und Steine aus einer Tasche. Der Narr hatte von solchem Gerät schon gehört, es näher zu betrachten und zu begreifen, war ihm bislang versagt geblieben. Wie Till Eulenspiegel recht unwissend dreinschaute, tat der Hirte einen Stein in die Schleuder, drehte sie galant und ließ den Stein in einen Baum fahren, die reichlich viele Schritte entfernt war. Der Hirte sprach: »Gehet hin und lest den Eichkater auf, den ich eben als kleinen Braten für uns vom Baume gepflückt habe.« Eulenspiegel tat, wie ihm geheißen, und siehe, am Fuße der Tanne lag ein Eichkater mit zerschmettertem Schädel.

Solches beeindruckte den Narren so sehr, dass er den Hirten bat, ihn in die Kunst einzuweisen. Ob der guten Gesellschaft, die ihm Eulenspiegel bot, folgte der Hirte dem Wunsche gern. Till Eulenspiegel war ein gelehriger Schüler, baute sich aus Leinen eine Schleuder, sammelte Steine und verstand es, diese so zu werfen, wie es ihm sein Meister gezeigt hatte. So gingen reichlich einige Tage ins Land und Eulenspiegels Können ward besser je um je. Da sprach der Hirte: »Ich muss die Herde an den nächsten Platz führen und morgen aufbrechen.« Nun sollten diese Weidegründe aber in anderer Richtung sein, als es Eulenspiegel zog. So schieden sie voneinander. Die Schleuder erwies sich als gute Begleiterin. Nun mangelte es Till Eulenspiegel nicht mehr an kleinen Braten, die seinen Weg kreuzten.

Anderntags kam Till Eulenspiegel am Abend an die Boitzenburg. Großes Geschrei vernahm er von Weitem. Ein Haufen Leute stand vor dem Tore und begehrte Einlass. Doch die Wache rief hinab: »Wer für uns nichts hat, soll draußen bleiben.« Einer aus dem Haufen erwiderte: »Wilde Söldner machen die Gegend unsicher und morden alles. Wir erbitten Euren Schutz.« Hohngelächter schallte herab. Der Redeführer setzte nach: »So habt doch Erbarmen mit dem Leid einfacher Leute, die das Schicksal schon hart geprüft hat.« Er hatte dieses kaum gesprochen, da hängte ein Wächter sein Gesäß über die Mauer und entleerte sich. Ein anderer spottete: »Seht her, das haben wir für euch Hungerleider übrig. Einen Dreck scheren wir uns um eure Sachen.«

Den Leuten vor dem Tore blieb nichts, als dort ein Nachtlager aufzuschlagen. Wie Till Eulenspiegel dazukam und nach ihrem Leid fragte, erfuhr er manch gräuliche Geschichte. Einer klagte: »Die Wachen lassen uns nicht zum Burgherrn vor, den würde unser Leid gewiss dauern. Die wollen zu ihrem Sold noch Geld von armen Leuten erpressen.« Bruder Listig meinte, helfen zu können. Dazu aber bräuchte er alles, was Mensch und Tier aus dem Haufen hinter sich ließen. Die Leute wunderten sich, dass der Fremde ihren Mist erbat, aber sie gaben ihn doch. Was hatten sie schon zu verlieren?

Kaum dass sich anderntags die Morgennebel hoben, geschah oben auf der Burgmauer Sonderbares. Jedem Wächter, der die Zinnen schaute, traf ein Ding am Kopf, das stank fürchterlich. Auch schmerzte es. Woher es kam, konnte keiner ermitteln. Immer neue Geschosse flogen den Wächtern an den Kopf, sobald sie diesen zeigten. Oh, wie jaulten und jammerten die Soldaten, die tags zuvor noch ein großes Maul gehabt hatten. Wie ihnen Till Eulenspiegel geheißen hatte, nutzten ein paar kräftige Burschen aus dem Haufen der Elenden die Momente, da die Wächter mit sich selbst beschäftigt waren. Sie stellten eine Leiter an die Mauer und ließen einen hinüberklettern. Derweil schleuderte Bruder Listig eine Kotkugel nach der anderen auf die Soldaten.

Es währte nicht lang, da tat sich das Tor auf und der Burgherr kam heraus. Neben ihm der Bursche aus dem Haufen und der Hauptmann der Wache, der reichlich beschmutzt war und betreten drein schaute. Der Bursche rief Eulenspiegel an, die Schleuder stillezuhalten. Der Burgherr bat die Elenden zu sich in die Burg. Gern gewähre er ihnen Schutz vor Mordbrennern und Feinden. Wie er vom Treiben seiner Wache hörte und vernahm, dass diese sich einen Dreck um das Leid der einfachen Leute scherte, nahm sich der Burgherr den Hauptmann vor. Eben wollte er ihn schelten, da hob er ein großes Gelächter an: »Mir scheint, den Dreck der einfachen Leute habt ihr Burschen wohl auch bekommen. Und so wie ihr Saukerle stinkt, gab es davon reichlich.«

Wie Till Eulenspiegel einen Händler in den Himmel führte

Vor Zeiten, ehedem Till Eulenspiegel von der Alten Stadt Brandenburg nach dem Mecklenburgischen weiterziehen wollte, ward er Zeuge einer sonderbaren Wette. Im »Goldenen Anker« hatte der überaus reiche Großtuchhändler mit seinen Trinkbrüdern gewettet, er wisse einen Weg in den Himmel. Darüber waren der Syndikus, der Schuhmacher und der Böttchermeister recht verwundert. Der Großtuchhändler, der, wie jeder wusste, viel in der Welt herumgekommen war, prahlte ob der Bekanntschaften mit diesem und mit jenem in fernen Städten und Ländern. Nun war keiner der drei anderen am Tische je über die Marken hinausgereist und es imponierte ihnen schon, was der Tuchhändler zu berichten wusste. Und doch mochten sie ihm dieses Mal nicht glauben und hielten dagegen. Schließlich hatten sie noch nie gehört, dass ein Mensch den Weg in den Himmel wusste. Die Wette war gemacht und der Händler bat sich drei Tage aus, um die Vorbereitungen für die Himmelsreise zu treffen.

Till Eulenspiegel hatte in einer Ecke der Schenke wohl gelauscht. Da ja auch er viel durch die Lande gezogen war, kannte er manche Geschichte, und ihm war, als hätte er die Rede des Großtuchhändlers schon einmal aus anderem Munde gehört. Ob er dies in Nürnberg, Braunschweig oder Prag vernommen hatte – er wusste es nicht mehr.

Die drei Tage waren vergangen, da trafen sich die Herren wieder im verabredeten Gasthaus »Zum Goldenen Anker«. Nahe dem Tische der Wettbrüder verbarg sich Till Eulenspiegel in einem Winkel, wollte er doch nichts verpassen. Wie der Syndikus, der Schuhmacher und der Böttchermeister schon saßen und den guten Wein genossen, trat der Großtuchhändler ein. Recht festlich hatte er sich gewandet und Kleider aus besten Stoffen angetan. Die Herren staunten und fragten, ob er dem Markgrafen oder gar dem Kaiser zu huldigen gedenke. Der Händler winkte ab und tat voller Würde kund, dass er nun gewillt sei, den Herren die Frage zu erklären.

Er hieß sie, sich zu erheben und ihm zu folgen. Dabei mögen sie aber nicht sprechen und auf dem Weg fürderhin stille zu sein – möge kommen, was da wolle. Das mutete den Herren seltsam an, aber sie taten, wie der Händler ihnen geraten. So schritten sie aus der Schenke hinaus und gingen nach St. Gotthardt zu. An der großen Kirchenpforte schlug der Großtuchhändler drei Mal auf das schwere Holz. Der Pfarrer öffnete und hieß die Herren einzutreten. Behend huschte Till Eulenspiegel hintendrein, ohne dass ihn jemand bemerkte.

Ehrfürchtig standen die vier Herren vor dem Pfarrer. Der bat zu erfahren, was ihr Begehr sei. Da hob der Tuchhändler an: »Sagt, Vater, ist es wahr, dass ich am Tage des Jüngsten Gerichtes einziehe in das Himmelreich, wenn ich auf Erden fromm und gar sittsam gewesen?« Der Pfarrer sprach: »Gewiss doch, gewiss, so steht es geschrieben und darauf darfst du dein Seelenheil bauen.« Der Großtuchhändler verneigte sich, reichte dem Pfarrer einen kleinen Beutel voller Geld für den Opferstock, dankte und sprach: »Es war mir wichtig, dies zu hören und meine Freunde daran teilhaben zu lassen.« Der Syndikus, der Schuhmacher und der Böttchermeister schauten einander verblüfft an, als wüssten sie nicht so recht wie ihnen geschah.

Vor der Kirche stellten die drei den Großtuchhändler zur Rede. Der aber sprach: »Ihr habt selbst vernommen, wie man ins Himmelsreich gelangt. Also habe ich die Wette gewonnen.« Zähneknirschend mussten die drei ihm Recht geben und sie entrichteten den vereinbarten Betrag. Und dieser war gewiss größer als jener, den der Großtuchhändler eben dem Pfarrer in den Opferstock gelegt hatte. Auf des Tuchhändlers Vorschlag, die Sache in der Schenke zu begießen, gingen die drei nicht ein. Der Schuhmacher und der Böttchermeister gingen schimpfend ihrer Wege. Den Syndikus grämte es so sehr, dass er dem Tuchhändler wünschte, alsbald selbst einem Streich zum Opfer zu fallen. Doch der Großtuchhändler lachte darob nur und sprach: »Wer mich anführen will, der muss erst noch geboren werden.«

Till Eulenspiegel freute sich über die Posse des Tuchhändlers, war dies doch eine Geschichte ganz nach seinem Geschmack. Gleichwohl fühlte er sich herausgefordert und hielt es für angezeigt, den Großtuchhändler nach den Regeln der Kunst zu narren. Im Hause des Tuchhändlers dicht bei dem Luckenberger Tore war eine Magd in Anstellung, diese war eine überaus gottesfürchtige Frau. Mochten die Menschen ringsum so manches Wort des Pfarrers oder aus der Heiligen Schrift nicht ernst nehmen, die Maid hielt sich daran. Sie wollte stets vorbereitet sein, sollte sie unvermittelt vor ihren Schöpfer treten. Diese Frömmigkeit nun, die machte sich Till Eulenspiegel zunutze. Wie es sich für einen Narren geziemet, beherrschte Bruder Listig die Gaukelei und das Mimenspiel. Mit reichlich hellem Tuch und anderen Dingen gewandete er sich wie ein frommer Pilger, wie sie weiland häufig durch die Marken zogen und in der Alten Stadt Brandenburg Einkehr hielten. Till Eulenspiegel tat Kleidung, Schuhwerk und einen weißen Bart an, dass er dem Bilde des Heiligen Petrus, wie er in der Gotthardtkirche zu sehen war, sehr ähnlich kam.

So trat er wie zufällig vor die Magd, als diese eben von der Kirche nach ihrer Arbeitsstätte eilte. Erst erschrak das scheue Kind, doch wie sich fromme Worte aus dem Mund des Weißbärtigen über die junge Frau ergossen, ward ihr wohl und wohler. Rasch fasste die Maid Vertrauen. Und wie der angebliche Pilger nun sprach, dass er auf seinem Rückweg zum Himmelstor nur noch ein wenig Speis' und Trank begehrte, da fiel die Magd vor ihm auf die Knie, küsste seine Hand und sprach: »Oh, Heiliger Petrus, vergebt einer Unwürdigen, die Euch nicht sofort erkannt hat. Folgt mir nach ins Haus meiner Herrschaft, dort möchte ich Euch geben, wonach Ihr verlangt.«

Till Eulenspiegel strich der Maid über den Kopf, hieß sie, sich zu erheben und folgte ihr. Durch den Hintereingang betraten sie das imposante Haus des reichen Großtuchhändlers. Die

Magd führte den angeblichen Petrus in die Küche, gab ihm Brot und Fleisch und einen Krug guten Weins. Die Magd sah, dass es dem hohen Gast mundete und sie sprach: »So kommt nur jeden Tag zu mir, auf dass ich Euch bewirte.« Der falsche Petrus aber sagte: »Ich danke Dir von Herzen, aber so sicher der Abend auf den Morgen folgt, so muss ich wieder meinen Dienst am Himmelstor erfüllen.« Die Magd warf sich neuerlich vor ihm auf die Knie und bat: »So ich Euch treu gedienet habe, so nehmet mich mit.«

Till Eulenspiegel erwiderte: »Fürwahr, du bist eine treue Dienerin unseres Herrn, Dich nehme ich mit. Bereite Dich vor, sage den Deinen Lebewohl, in sieben Tagen komme ich und führe Dich in den Himmel hinein.« Sprach's, dankte für das Mahl und verschwand.

Man kann sich denken, wie beseelt die Magd war. Singend und leichten Fußes verrichtete sie ihre Arbeit. Nichts war der jungen Frau eine Last, die Verheißung, bald alle irdischen Fesseln von sich werfen und in den Himmel einziehen zu dürfen, verliehen der Maid Flügel. Das wunderte die Herrschaft sehr. Die Frau des Großtuchhändlers befragte die Magd nach ihrer heftigen Fröhlichkeit. So und so ist das, berichtete das Mädchen wahrheitsgemäß. Nun, da das Paradies so nah, hatte es nichts zu verlieren. Erst schimpfte die Tuchhändlerin die Magd ein törichtes Kind. Wie aber die Magd erwiderte, dass der Himmel das Ziel all ihren Strebens sei und sie ehedem ihre spärlichen Güter den Armen gebe, um unbeschwert in die ewige Glückseligkeit einziehen zu können, da kamen ihrer Herrin doch manche Zweifel.

Gewiss war die Großtuchhändlerin nicht so fest im Glauben wie die Magd, doch ein Leben ohne Krankheit, Kälte und Angst vor neuerlicher Armut waren auch ihr eine trostreiche Aussicht. So wuchs auch in ihrer Brust das Verlangen je um je, in den Himmel einziehen zu dürfen. Sie bat die Magd, sie begleiten zu dürfen, wenn Petrus sie holte. Die Magd meinte, dies sei gewiss möglich, wenn sie den frommen Mann nur von Herzen bitte. Nun waren es derer zwei Weiber, die sich auf den

Weg in den Himmel vorbereiteten, was dem Großtuchhändler nicht verborgen blieb. Wie ihm sein Weib erzählte, was geschehen war, schalt er es. Dachte er doch daran, wie er drei erwachsene Männer mit der Himmelsverheißung an der Nase herumgeführt hatte. Doch sein Weib zur Besinnung zu rufen, wollte ihm nicht gelingen. Vielmehr war sie es, die ihn bedrängte, mit ihr zu gehen. Sie wolle sich befreien von diesem Leben voller Lug und Trug, sie sei es leid, von unredlich verdientem Geld zu leben. Die Großtuchhändlerin wusste sehr wohl, mit welchen Schlichen ihr Ehegesponst die Menschen übervorteilte, um mehr aus dem Tuchverkauf zu erlösen, als ihm zustand. So sagte sie zu ihm: »Komm mit uns und freue Dich auf ein Leben voller Glück und Reichtum.« Das klang dem Tuchhändler dann doch zu verlockend und so sagte er zu, hoffte er doch, noch feinere Gewänder zu tragen und noch bessere Speisen essen zu können. In seiner Gier malte er sich die schönsten Bilder, die ihm am Tage und des Nachts träumten.

Wie die sieben Tage verstrichen waren, trat der verkleidete Till Eulenspiegel wieder an das Haus des Großtuchhändlers. Nun tat er erschrocken, als sich zur lieben Magd noch deren Herrschaft gesellte. Eindringlich flehten der Tuchhändler und sein Weib, in den Himmel einziehen zu dürfen. Der falsche Petrus sann nach, dann sprach er: »Nun denn, so soll es sein.« Er nahm drei Tücher heraus und band sie den dreien über die Augen: »Dies ist zu Eurem Schutz, auf dass Ihr nicht erblindet, wenn Ihr vor das Himmelstor tretet.« Auch wenn dem Großtuchhändler und seinem Weib dies seltsam anmutete, wagten sie doch keine Widerworte.

Till Eulenspiegel nahm die Magd bei der Hand, hieß sie, die Hand der Tuchhändlerin zu ergreifen, und diese wiederum, so solle ihren Gatten fassen. Der falsche Petrus befahl: »Seid leise, macht keinen Mucks, redet keine Silbe, sonst schauet Ihr den Himmel nicht.« So ging der Narr mit den dreien in die Nacht hinaus. Bis zum Morgengrauen führte er sie durch die Alte Stadt, stets darauf bedacht, keinem Menschen zu begegnen. So gelangten sie vor das Mühlentor. Eulenspiegel sprach zum

Großtuchhändler und dessen Weib: »Weil sie mich als erste bat, will ich Eure Magd zuerst in den Himmel führen – da auch im Himmel nicht alle Menschen gleich sind, führe ich sie durch einen bescheidenden Nebeneingang. Ihr wartet hier, bis ich Euch hole. Und wehe Ihr redet oder nehmt Euch die Tücher von den Augen. Tut Ihr es doch, waren all Eure Mühen umsonst.« Brav nickten der Tuchhändler und dessen Frau.

Till Eulenspiegel aber führte die Magd zum Neuen Tor und über Havel hinweg nach der Neuen Stadt Brandenburg. Dort nahm er der Maid das Tuch von den Augen und bat sie untertänigst um Vergebung. Das Kind sollte nicht dafür büßen, dass Eulenspiegel dem gierigen Großtuchhändler einen Streich spielen wollte. Till Eulenspiegel hatte die vergangenen Tage genutzt, dem Mädchen in der anderen Stadt Brandenburg eine auskömmliche Stelle zu beschaffen. Dorthin führte er die Magd und empfahl sich.

Derweil entdeckte die Torwache das seltsame Paar, das mit verbundenen Augen vor dem Mühlentor stand. »He da«, rief ein Wächter herab, »was treibt ihr da?« Wie ihnen der vermeintliche Petrus geheißen, erwiderten die beiden kein Wort. Weitere Stadtknechte kamen dazu und auch diese riefen den Großtuchhändler an. Dessen Schweigen weckte die Neugierde der Rufer. So strömten auch aus den Häusern ringsum die Leute herbei. Als vom Grillendamm her das erste Fuhrwerk in die Alte Stadt einfahren wollte, öffneten die Wächter das Tor. »Endlich«, rief der Großtuchhändler und zog sein Weib der knarrenden Pforte entgegen. Zwei Wächter stellen sich ihnen in den Weg und kreuzten die Lanzen, damit das Paar nicht passieren konnte. »Wohin, ihr seltsamen Blinden?«, rief ein Wächter. Der Händler meinte, nun genug gewartet zu haben, er nahm das Tuch ab und erwiderte zornig: »Geradewegs in den Himmel hinein, verdammt noch eins.«

Ob dieser lästerlichen Worte erschrak die Tuchhändlerin. Sie nahm das Tuch von den Augen und erkannte, dass dieses Tor bestenfalls zum Dome führte, gewiss aber nicht in den Himmel. »Du hast alles zunichte gemacht«, schalt sie ihren Mann. Nicht allein, dass er sich mit der Abnahme des Tuches gegen die Anweisungen Petri gewandt hatte, klagte das Weib. »Auch Dein Fluchen hat unserem Herrn gewiss nicht gefallen.« Da hob auf dem Platz bei dem Tore ein großes Gelächter an. Rasch machte die Großtuchhändlerin, dass sie mit ihrem Gatten davon kam. In der Ratsschenke mussten die Torwächter immer aufs Neue berichten, was sie an diesem Morgen gesehen hatten.

Till Eulenspiegel aber ließ sich vom Syndikus der Alten Stadt einen guten Krug besten Bieres und ein prächtiges Mahl bezahlen, was dieser ob der Freude über den Gram des Großtuchhändlers nur zu gern tat.

Wie Till Eulenspiegel Männer in Brandenburg vor dem Krieg bewahrte

Vor langen Zeiten war es wohl, als die Soldaten des Brandenburger Markgrafen wieder gegen irgendeinen Feind zogen. Der Kurfürst hatte nicht genügend tapfere Krieger an seiner Seite, so sandte er Getreue aus, Männer aus den Dörfern und Städten der Marken einzuziehen. So kamen die Werber des Markgrafen auf dem Markt der Alten Stadt Brandenburg und riefen alle waffengangtauglichen Männer zu sich. Nun war es nicht so, dass die Brandenburger darüber erzürnt gewesen wären. Im Gegenteil: Die Männer meinten, ein Dienst für den guten Markgrafen sei ein Ehrendienst. Und wenn es sie das Leben kostete, so würde Gott ihnen dies vergelten.

Die Frauen indes, die sahen die Sache ganz anders. Sie bangten um das Leben ihrer Männer und fürchteten, sie müssten allein die Familie durch die schweren Zeiten führen. Und schwer waren diese Zeiten ganz gewiss. Doch verstanden sie es nicht, ihre Männer zum Bleiben zu gewinnen. Die machten sich über ihre Weiber lustig und schimpften sie einfältige Mägde, die von Politik und der Weisheit des Kurfürsten nichts verstünden. Mochten die Weiber drohen wie und womit sie wollten, es focht die Männer nicht an. Selbst als die Frauen fürderhin den Vollzug der Ehe verweigerten, ließen ihre Ehegesponste nicht ab, markige Reden auf dem Kampf unter klirrenden Waffen zu schwingen.

Nun lebte und wirkte im Franziskanerkloster am Rande der Alten Stadt ein Mönch, der in der Leutkirche oft den Gottesdienst hielt und dem die Gemeinde vertraute. An diesen Geistlichen wandten sich die Frauen in ihrer Not. »Sprecht Ihr mit unseren Männern, auf Euch hören sie«, baten die Weiber. Eigentlich war es nicht Sache der Franziskaner, sich in die Geschäfte des edlen Kurfürsten einzumischen, zumal dieser dem Orden gewogen war. Doch ahnte dieser Mönch, welch Unheil vielen Familien seiner Gemeinde drohte, zögen die Burschen ins Feld.

Wie er nach einer Lösung sann, lief ihm Till Eulenspiegel über den Weg. Einander freundschaftlich zugetan entrichteten sie die Tageszeit und wollten weiter ihrem Ziele zustreben, da hielt der Mönch inne. Till Eulenspiegel, so meinte er, könne ganz bestimmt helfen. Hatte dieser doch ein großes Herz für die Sorgen und Nöte der kleinen Leute. Und richtig: Der Narr lauschte der Rede des Geistlichen und willigte ein. Nun war, wie jeder weiß, Till Eulenspiegel ein Meister in der Kunst, in fremde Gewandungen zu schlüpfen und als ein anderer zu erscheinen. Der Mönch reichte ihm eine schwarze Ordenstracht der Franziskaner, und sie beredeten, wie sie es anstellen mochten.

Im ehrwürdigen Habit der frommen Brüder erkannten die kriegslustigen Männer den Schalksnarren nicht. So konnte Till Eulenspiegel unbehelligt zu ihnen reden: »Ihr seid brave Männer, wollt ihr doch unserem guten Kurfürsten in dieser wichtigen Angelegenheit zur Seite stehen.« Er schmierte ihnen Honig ums Maul und fuhr fort: »Aber hört: Wenn ihr zu den Werbern geht und euch zum Kampfe meldet, so denket daran: Soldaten bekommen den Waffenrock, den ihr Herrscher auserkoren hat. Ihr tretet dem Feinde nicht als Schmied, Bauer oder Böttcher entgegen, sondern als Kämpfer im Gewand der kurfürstlichen Armee. Also ist es nicht nötig, dass ihr die kostbare Kleidung, die ihr am Leibe tragt, mit in den Krieg führt. Lasst Schuhe, Hemd und Beinkleider besser bei euren Weibern, auf dass sie die Sachen wohl verwahren für eure Rückkunft.«

Die Männer meinten, der Mönch spreche wahr. Also legten sie ihre Kleidung ab und taten sich bloß ein ärmliches Tuch um Genital und Gesäß, ehe sie dem Markt und dem Werberstand zustrebten.

Die Getreuen des Markgrafen staunten nicht wenig, als sie viele Männer unter den Freiwilligen sahen, die nichts außer einem schäbigen Tuch am Unterleibe trugen. Der Kommandant fragte den ersten, der vor ihn trat: »Was hat dies zu bedeuten? Schämst du dich nicht, so nackt durch die Straßen zu laufen?« Der Gefragte erwiderte: »Gewiss schämen wir uns, aber für unseren edlen Kurfürsten geben wir dieses Opfer gern. Denn Ihr, guter Diener unseres Markgrafen, gebt uns ein Gewand des edlen Kurfürsten. So wollen wir unsere Kleidung für die Zeit nach unserer Rückkehr schonen.« So oder ähnlich antworteten die anderen Tuchträger.

Da fuhr heftiger Zorn in den Kommandanten: »Was seid ihr doch für Narren? Wollt wohl den Markgrafen an der Nase herumführen? Natürlich kleiden wir euch ein, aber erst im Lager, wo wir uns zum Zuge gegen den Feind versammeln. Leute wie euch können wir nicht brauchen. Verschwindet!«

Man kann sich denken, wie lang die Gesichter der Gescholtenen waren. Unter den Männern, die wie üblich gewandet vor den Werbern erschienen waren, brach ein großes Gelächter aus. Die Kerle mit dem spärlichen Tuch sahen auch zu seltsam aus. Betrübt zogen sie wieder nach Hause.

Kluge Köpfe hätten sich nun gefreut, dass der bittere Kelch des Kriegsdienstes an ihnen vorübergegangen wäre. Doch die Brandenburger ehrten ihren Markgrafen so sehr, dass sie es als Schande empfunden hätten, wenn sie nicht mitgehen würden. So eilten sie sich, ihre gewohnte Kleidung überzuwerfen und versammelten sich bei der Johanniskirche, um zusammen noch einmal vor die Werber zu treten, und untertänigst zu bitten, sie doch in die Kriegsschar aufzunehmen.

Till Eulenspiegel hatte befürchtet, dass solches geschehen würde und die Tracht des Mönchs noch nicht abgelegt. Nun trat er vor die Männer hin und sprach: »Der Segen des Herrn könnte euch gewiss sein, wenn ihr ihn darum bittet.« Wie er dies meine, fragten sie. Da sagte Till Eulenspiegel: »Bestellt euer Feld, schmiedet das Eisen oder trefft anderswie Vorsorge für eure Familie. So lobt euch der Herr. Alsdann kommt in die Kirche und betet für eure gesunde Wiederkehr ohne Unterlass, bis dass der neue Tag erwacht. So ist euch Schutz gewiss.«

Fromm wie die Männer waren, folgten sie dem Rat, verrichteten ihre Arbeiten, schritten alsdann in die Johanniskirche und hoben an zum Gebet, zum Lobpreis. Wer müde wurde und die gute Rede unterbrach, den ermunterte der verkleidete Mönch rasch fortzufahren. So gab es keinen, der in dieser Nacht ein Auge zu tat. Anderntags wollten die Männer nur kurz heim, von ihren Weibern und Kindern Abschied nehmen. Doch waren sie so müde, dass sie ins heimische Bett fielen, ohne dem gewahr zu werden und in einen tiefen Schlaf sanken.

Derweil hofften Till Eulenspiegel und der Mönch, die Werber zögen weiter. Doch es fehlten ihnen noch Krieger. So blieben sie einen weiteren Tag. Die Männer erwachten am Abend und wollten eben zum Markte eilen, hoffend des Kurfürsten treue Diener noch anzutreffen. Da trat der gewandete Eulenspiegel wieder vor sie und sprach sie an: »Ihr habt in Haus, Hof und Werkstatt verrichtet, was zu verrichten galt. So zieht denn hin ins Feld der Ehre. Aber wollt ihr nicht erst noch den Becher zum Abschied heben? Wie es eurer Väter und Vorväter Brauch war?«

Die Männer meinten, der Geistliche habe wieder Recht und folgten ihm in den Friedgarten des Klosters. Dort sandte der Mönch rasch die klösterlichen Helfer aus. In Windeseile trugen sie große Mengen Bier herbei und Becher und schenkten den Männer voll ein. Die treuen Kerle hatten die Becher kaum gelehrt, da ließ Bruder Listig wieder einschenken und bat die Versammelten, auf das Wohl des Kurfürsten anzustoßen. Dann galt es, sich Mut für die bevorstehende Großtat zuzusprechen. Die nächste Runde war der Keuschheit der Weiber gewidmet, die treu auf ihre Mannen warten mochten. So ging der Krug immer wieder herum und es ward, als würde er nie leer.

Die Nacht brach über die Marken herein und längst war es an den Männern, immer neue Gründe zu benennen, auf die sie anstoßen wollten. Je um je berauschter waren sie, wirrer und lauter wurden ihre Reden. Der Mönch hatte den Abt und seine Brüder ins Vertrauen gezogen und Verständnis geworben. Folglich störte sich niemand an dem Treiben der trunkenen Kerle.

Der Morgen graute, da sprach Till Eulenspiegel: »Die Krüge sind geleert und alle Wünsche gesprochen. So lasst uns ein letztes Mal die Becher erheben und mit feinster saurer Milch darauf anstoßen, was uns mit unserer Heimat verbindet.« Die Männer waren trunken genug, sich nicht über solches Gebaren zu wundern und leerten auch diesen Becher in einem Zuge. Die einen strebten nun dem Heim zu, um Abschied zu nehmen, die anderen wollten sogleich zum Werber.

Doch weit kam keiner von ihnen. Im Gedärm eines jeden verrichtete die Buttermilch auf dem Bier ihr unheilvolles Werk. Es drängte die Männer, sich schleunigst zu entleeren. Und dies nicht nur einmal, sondern immerfort. Ihnen war, als sei der Gottseibeiuns in ihre Leiber gefahren und schüttele sie wie am Tage des Weltuntergangs. Kaum hatten sie aber alles von sich gegeben, da legten sie sich ermattet zur Ruh' und schliefen den Schlaf der Gerechten.

Keiner von ihnen merkte, dass die Getreuen des Markgrafen am Mittag ihren Stand abbrachen und in die nächste Stadt zogen.

Wie ein böser Brandenburger Ratsherr nicht ungeschoren davon kam

Vor Zeiten ist in der Neuen Stadt Brandenburg ein Syndikus und Ratsherr gewesen, der war durch und durch böse und verderbt. Denn er war aller Sünde und Falschheit Meister, und das Recht war das Letzte, wonach er fragte. Weil er der Sprache wohl mächtig war und kundig in mancherlei Geschäftsgebaren, so achteten ihn der Bürgermeister und die Stadtoberen sehr. Die Leute in der Stadt aber mieden ihn. Denn dieser Ratsherr hatte schon so manchen ehrlichen Handwerker mit falschen Anschuldigungen um seinen Lohn gebracht.

Einmal war es, da ging der Ratsherr nach dem Markte hin. Dort bot eine Maid die Körbe ihres Vaters feil. Der Syndikus wählte, nahm sich einen und sprach mit Bedacht: »Ehre dem Hause deines Vaters, hübsches Kind, denn er kann nun sagen, dass dem Brandenburger Syndikus seine Ware gut gefällt.« Ohne zu zahlen wollte er fortgehen, da rief das Mädchen ihm nach: »He da, zahlt den Korb, dann ist er Euer.« Der Ratsherr machte kehrt und erwiderte: »Du weißt gewiss nicht, wer ich bin.« »Oh doch«, meinte sie, »Ihr erwähntet es doch soeben. Gleichwohl lasse ich es nicht zu, dass Ihr für ehrliche Arbeit kein ehrliches Geld entrichten wollt.« »Du willst mich beleidigen«, sagte da der Ratsherr, »allein es wird dir nicht gelingen.« Er rief zwei Stadtknechte herbei und ließ die Maid festsetzen. »Sie ist eine Hexe«, sagte er, »führt sie ab. Ich will sie peinlich befragen.« Es half nichts, dass das Mädchen seine Unschuld beteuerte.

Im Verlies des Rathauses wurde die Maid entkleidet und auf die Folter gespannt. Als nun der arge Ratsherr ihren nackten Leib sah, da entbrannte er in wilder Lust zu dem schönen Mädchen. Er hieß alle Schöffen und Gerichtsdiener hinauszugehen und sprach zur Maid: »Dein armes junges Leben dauert mich, es liegt in meiner Hand. Willst du mir zu Willen sein und mich deine Liebe genießen lassen, so sollst du frei sein und ein angenehmes, sorgenloses Leben in meinem Hause führen. Doch solltest du meine Milde ausnutzen, fliehen und anderen erzählen, was dir hier widerfahren ist, so ist dein Leben verwirkt und das deiner Familie obendrein.«

Das Mädchen ahnte wohl, dass dieses keine leere Drohung war. War doch der böse Ratsherr bekannt für seine finsteren Machenschaften. So rief es in seiner Todesangst: »Alles, alles will ich versprechen, nur entlasst mich von diesen fürchterlichen Matern.« Sogleich ließ der böse Syndikus das Mädchen von der Folter lösen und nahm es zu sich in sein Haus, unter dem Vorwand, auf diese Art und durch freundliches Zureden werde er besser ihren ungezählten Verbrechen auf die Spur kommen können.

In seinem Hause ließ er ihr sogleich eine warme, bequeme Stube einrichten und brachte alle Tage einige Stunden bei ihr zu. Sie ehrlich zu befragen stand dem bösen Manne natürlich nicht im Sinn. Allein ihr Leib war es, der ihn anlockte. Die Maid hatte in dieser Zeit ihrer Not Freundschaft zur Küchenmagd des Syndikus geschlossen. Diesem Mädchen war es kaum anders ergangen als ihr. Auch dieses musste dem argen Ratsherrn zu allen fleischlichen Diensten sein, wann immer es ihm danach gelüstete.

Die Magd sorgte nun dafür, dass der alte Korbflechter erfuhr, was seiner Tochter widerfahren war. So erhielt auch der Liebste der Maid, dem sie längst versprochen war, Nachricht über ihren dunklen Verbleib. Oh, was klagten Vater und Bräutigam da, wussten sie doch keinen Weg, das Mädchen zu befreien. Auf dem Markte standen Männer beisammen, unter ihnen der arme Jüngling, der sein Leid klagte. So erfuhr Till Eulenspiegel davon, der dabeistand. »Ein wahrer Teufel ist dieser Ratsherr«, sprach der Bräutigam voller Zorn. »Oh ja«, erwiderte Eulenspiegel, »und so soll es auch sein.«

Bruder Listig war ein Meister der Verkleidung. So tat er ein anderes Gewand an und schlich sich zum Hause des Ratsherrn hin. Er sprach zu dessen Weib und merkte rasch, dass der Ratsherrin dieses hübsche Mädchen recht seltsam war. Till Eulenspiegel sprach dem Weibe zu: »Sagt Eurem Mann, er soll das Mädchen endlich öffentlich anklagen. Es scheint nicht recht gelingen zu wollen, die schöne Hexe zu überführen. Man mag bald meinen, das lockende Weib habe ihn in seinen Bann gezogen.« Da erschrak die Frau des Ratsherrn. Rasch eilte sie zu ihrem Manne und drängte ihn, der Sache endlich ein ordentliches Ende zu bereiten. So böse der Syndikus war, so feige war er auch. Nun plagte ihn die Furcht, sein Weib könne sein Treiben erkennen. Er ließ also die Maid öffentlich anklagen. Genauso hatte es Till Eulenspiegel auch im Sinn.

Der Tag war gekommen und viel Volk strömte zum Platz. Bruder Listig aber hatte einige Getreue unter die Menschen gestreut, denen der Ratsherr nur zuwider war, und jedem seine Aufgabe zugeteilt. Kaum war die Anklage verlesen und hatte der Syndikus verlangt, die Hexe zu verbrennen, da rief es aus einer Ecke: »Du willst sie doch nur loswerden, weil du ihrer überdrüssig bist. Wie du es mit den anderen getan hast.« Starr blickte der Syndikus in die Menge. Ein Raunen schwoll an. Nur zu gut wussten die Brandenburger darum, wie sich der böse Ratsherr die Frauen nahm, wie es ihm beliebte. »Ja genau«, erscholl da eine Frauenstimme, »so hast du es mit uns getan. Hast uns dir zu deinen Diensten sein lassen, so wie dich deine nimmersatte Fleischeslust trieb.«

Die Menschen suchten das Gesicht der Ruferin zu erblicken, allein es gelang ihnen nicht. Die Frau war, wie mit Eulenspiegel verabredet, nach ihrer Rede sofort in der Menge abgetaucht. Da erscholl es schon aus einer anderen Ecke: »Du hast mein Weib zugrunde geschunden, oder erinnerst du dich nicht an die blonde Grete?« Der Schweiß trat dem Ratsherrn auf die Stirn. »Schweigt«, schrie er, »haltet ein mit diesen Lügen.« Gleichwohl wusste die Stadt, dass diese Reden wahr waren. »Du hast meine Tochter geschwängert und sie ins Loch gesetzt, als sie um deine

Hilfe bat«, brüllte es vom Platz. Till Eulenspiegel hatte alle diese finsteren Geschichten zusammengetragen und seinen Getreuen aufgegeben, sie nacheinander über den Platz zu rufen, als betreffe es sie selbst. Dies verstanden sie wohl.

Da trat der Syndikus nach vorn und rief: »Wie könnt ihr einem unbescholtenen Ehrenmann solches unterstellen? Soll mich der Teufel holen, wenn auch nur eine Funke Wahrheit an euren Lügen wäre.« Darauf hatte Till Eulenspiegel nur gewartet. Denn er selbst hatte sich finster gewandet, mit langem, schwarzem Mantel und einem großen schwarzen Hut, an dem eine blaue Feder steckte. »Du hast mich gerufen, Ratsherr«, rief der Narr mit tiefer, verstellter Stimme. Das Gemurre und Gemurmel auf dem Platz erstarb je. Der Ratsherr erbleichte zu Kreide. »So kriege ich nun endlich deine verderbte Seele«, rief der Schwarze, »ich habe lange genug warten müssen.« Die Menge ging auseinander, Eulenspiegel als Teufel strebte dem Podeste zu, auf dem der Ratsherr stand. »Nein«, schrie dieser und wich zurück. Die Menschen erschraken nicht minder, wähnten sie doch den Leibhaftigen unter sich.

»Ich will nicht in der Hölle schmoren«, rief der Syndikus. »Aber es ist doch wahr, was man dir vorwirft?«, erwiderte Till Eulenspiegel in seiner Verkleidung. Da fiel der Ratsherr auf die Knie und rief verzweifelt: »Ja doch, es ist so, wie die Leute sagen, ich habe all dies getan.« Da begehrte die Masse auf, schrie wütend und wild, forderte, der Teufel möge ihn mit sich nehmen, wo er doch schon mal nach hier gekommen sei.

All dies besah sich auch der Bürgermeister. Rasch sandte er seine Stadtknechte aus, den reuigen Syndikus gefänglich einzuziehen. Sie warfen ihn in den Steintorturm, was ihnen der Ratsherr unendlich dankte. So war er dem Teufel doch entkommen, meinte er. Der aber war so schnell verschwunden, wie er aufgetaucht war, und hatte die dunkle Gewandung abgeworfen. Der böse Ratsherr hat das Verlies im Steintorturm nicht lebendig verlassen.

Wie drei Brandenburger Schneidergesellen vom Fenster fielen

Neben der Herberge auf dem Markt der Alten Stadt Brandenburg, in der Till Eulenspiegel Unterkunft hatte, war die Werkstatt eines Schneidermeisters. Mochte dieser ein frommer, guter Mann sein, so waren seine drei Gesellen arge Wichte. Auf dem Laden vor der Werkstatt saßen und nähten sie und meinten wohl, der Laden sei ihr Thron, und blickten auf das Volk herab. Aus ihren großen Mäulern ergoss sich vielerlei Schändliches. Wer ihnen niedrig genug schien, den bedachten sie mit Hohn und Spott. Alle Klagen wies der Meister ab. In Zeiten wie diesen konnte er sich seine Gesellen nicht wählen. Er musste nehmen, was es gab. Und das mehrte das Hochgefühl der drei Burschen obendrein.

So nahm es nicht Wunder, dass ihnen Eulenspiegel in seinem bunten Gewande und mit seinem sonderbaren Ruf reichlich Anlass bot, ihr lästerliches Tun immer neu zu treiben. Allein die Worte genügten ihnen nicht, sie warfen Eulenspiegel noch alte Lappen hinterher. Rasch ward Bruder Listig bewusst, dass er diesen Gesellen nicht mit Widerworten am Zeuge flicken konnte.

Till Eulenspiegel wartete, bis anderntags wieder der große Markt vor dem Alten Rathause abgehalten werden sollte. In der Nacht davor sägte der Schalk an den vier Pfosten des Ladens, nicht allzu viel, wohl aber genug.

Am Morgen hernach füllte sich der Platz mit Händlern, Bauern und Volk. Aus der Schneiderwerkstatt traten die drei Gesellen, nahmen Platz auf dem Laden und begannen ihr Tagwerk, gewiss nicht, ohne lästerliche Worte für das Treiben auf dem Markte zu verlieren. Es währte nicht lang, da trat der Schweinehirt auf dem Markt. Er stieß in sein Horn. Das hieß

die Leute in den Häusern ringsum, ihm ihre Schweine zuzuführen, auf dass der Hirt sie zum Weiden auf die Wiese vor der Stadt führen könne.

So kamen auch die Schweine des Schneidermeisters gerannt, doch ehe sie sich zu den anderen bei dem Hirten scherten, taten sie, was sie stets tun: Voller Behagen schabten sie ihre Leiber an den Pfosten des Schneiderladens. Für gewöhnlich trug das Holz den Laden samt Gesellen dennoch. Dank Eulenspiegels Sägerei aber war das Holz schwach geworden. Es tat einen Ruck, die Pfosten knickten ein und die Gesellen fielen herab und in den Dreck der Straße.

Darauf hatte Bruder Listig nur gewartet. Hinter einer Hausecke schaute er hervor und rief aus voller Brust: »Seht, der Wind weht die Schneider vom Fenster. Da liegen sie im Dreck.« Ungezählte Köpfe wandten sich um und blickten zu den drei Gesellen, die am Boden lagen, sich die Knochen rieben und fluchten. Oh, wie schwoll da das Gelächter an. Je um je ward es lauter. Sogar der Schneidermeister hielt sich den Bauch, so schüttelte ihn die Freude.

Am Abend besahen sich die drei Burschen die Pfosten, und ihnen ward bewusst, dass Till Eulenspiegel die Hölzer angesägt hatte. Fürderhin spotteten sie seiner nicht mehr.

Wie Till Eulenspiegel die Ehre einer Bauernfamilie rettete

In alten Tagen war nicht jeder Diener Gottes auch ein guter Diener seiner Kinder. Da gab es Priester, denen das Glücksspiel näher stand als das gute Wort. Unter mancher Kutte steckte ein fetter Bauch, der immer fort weiter schwoll, derweil vor der Klosterpforte die Menschen Hunger litten. Und es waren bei den Äbten solche, die meinten, sie allein wüssten zu bestimmen, was gut und was böse sei. Einer dieser Brüder führte dereinst das Choriner Zisterzienser-Kloster, gewiss in einer Zeit, in der vieles aus den Fugen geraten war.

In Golzow, einem Dorf in der Nähe des Klosters, hatte ein Bauer seinen drei Söhnen eine gute Summe Geld hinterlassen. Um es im Leben zu etwas zu bringen, kamen die drei überein, einen Weg zu finden, das Geld zu mehren. Der Älteste sprach: »Hütet unseren Hof, ich ziehe aus und schaue, was ich mit meinem Anteil beschicken kann.«

Der Bauerssohn schritt tapfer aus. Er war ein gutes Stück nach dem Morgen zu gegangen, da traf er einen kleinen Haufen braver Mönche, darunter war der Abt des Choriner Klosters. Der Geistliche sprach den Golzower an: »Wohin führt dich deine Reise?« Der junge Mann erwiderte: »Ich suche einen Weg, mein Erbteil gut zu vermehren.« Der Abt sagte: »Da kann ich dir helfen, wenn du eine Aufgabe zu lösen vermagst.« Er möge sich und die Aufgabe erklären, bat der Jüngling. Der Abt fuhr fort: »Dein Beutel voller Geld gegen meinen Beutel voller Geld – wer von uns als erster in Wut gerät, der verliert. Wer aber die Ruhe bewahrt, dem sollen beide Beutel gehören.«

Wie alle jungen Männer seiner Zeit war der Golzower kühn und unverzagt. So mutete ihn die Aufgabe leicht an und er schlug ein. Wie konnte er auch ahnen, dass nicht allein der Teufel ein ewiger Spieler ist. Für die Wette war es nötig, dass der junge Mann dem Kloster als Hirte diente. Gleich am nächsten Tag zog der Jüngling mit der klösterlichen Schafherde hinaus auf die Weide. Schon am Morgen war die Sonne recht heiß. Nun war es weiland Sitte, die Getreuen des Klosters auf den Weiden und Feldern hier und da mit Speis und Trank zu versorgen. So hoffte auch der Jüngling, bald Linderung zu erfahren. Doch er tat dies vergeblich.

Längst hatte die Sonne wieder ihren Heimweg nach dem Abend zu angetreten, da war es dem Burschen des Hungerns und Dürstens zu viel. Er überließ die Herde sich selbst und schritt voller Zorn zum Kloster. Bei der Kirche traf er den Abt und rief wütend: »Wollt Ihr mich da draußen verschmachten lassen?« Da entfaltete der Abt ein breites Grinsen in seinem Antlitz und dem Jüngling wurde gewahr: Er hatte eben die Wette verloren. Der Geistliche forderte den Geldbeutel und hieß den Jungen, seiner Wege zu gehen.

Daheim in Golzow berichtete der Älteste seinen Brüdern, was er getan hatte. Der Mittlere wehrte ab: »Solches kann mir nicht geschehen, ich werde den Abt lehren, sich mit einem Golzower anzulegen.« Eilig lief er anderntags nach Chorin und ließ sich zum ehrwürdigen Klostervorsteher führen. Wie der Geistliche merkte, dass dieser Bursche ebenso einfältig war wie sein Bruder, bot er auch ihm die Wette an. Darauf hatte der Mittlere aber nur gewartet.

Am nächsten Morgen sandte ihn der Abt weit vor das Tor des Klosters zur beschwerlichen Feldarbeit. Wieder brannte die Sonne erbarmungslos herab, wieder kam keiner, den Jüngling an Speis und Trank zu laben. Kaum länger als sein Bruder harrte der Mittlere aus, dann warf er die Hacke beiseite und eilte zornig zum Kloster. Als er dem Abt seine Anklage vorgetragen hatte, hielt der Geschimpfte nur die Hand auf und lachte: Auch der Mittlere hatte die Wette verloren, war er doch in Wut entbrannt. Voller Gram zahlte er und machte, dass er nach Hause kam.

Der Jüngste hörte die Klage und geriet über solche Falschheit des Kirchenmannes fürchterlich in Wut, dass er sogleich nach Chorin laufen und den Abt die Kräfte seiner Bauernhände spüren lassen wollte. Eilig trat er aus dem Haus. Wie es der Zufall wollte, oder war es die Vorsehung, hatte Till Eulenspiegel eben in Golzow zu tun und vernahm die Klage.

Nun war Till Eulenspiegel schon lang genug in der Gegend gewesen, um zu wissen, welch falscher Geist in der Brust des Choriner Abtes wohnte. Bruder Listig nahm den jüngsten Brüder beiseite und sprach: »Leih mir deinen Geldbeutel und gib mir dein Gewand. Ich will dem arglistigen Kirchenbruder zeigen, dass er brave Leute nicht ungestraft zum Narren halten kann. Morgen sollen du und deine Brüder ihre Geldbeutel zurückerhalten, und mit dem Geld des Abtes, das ich heimtrage, wollen wir es uns hernach gut gehen lassen.«

Im Gewand eines Bauern schritt Till Eulenspiegel nach Chrorin aus, klopfte an die Klosterpforte und ließ sich vor den Obersten der Brüder führen. Er tat, als sei er einer der drei Brüder, der klüger sei und deshalb die Wette wage. Allein er setzte einen mehrfachen Preis aus, so gewiss sei er sich des Sieges. Dem Abt gefiel diese jugendliche Überheblichkeit nur zu gut, meinte er darin doch nichts anderes als Dummheit zu erkennen. Ehe ihm der Abt eine Arbeit zuweisen konnte, sprach Eulenspiegel: »Ich werde Euch zeigen, dass ich mehr vermag als meine Brüder. Ich will Eure Schafe und Schweine hüten, solange wie es nötig ist.«

Am nächsten Morgen zog Bruder Listig mit den beiden Herden auf eine Weide nach Mittag zu. Wie ihm nun niemand zu essen und zu trinken brachte, verkaufte der Knecht alle Tiere an einen Schlachter. Dem war der Preis so gut, dass er nicht nach der Herkunft der Tiere fragte. Das Geld behielt Eulenspiegel bei sich. Auch ließ er sich die Felle der Schafe und die Schwänze der Schweine geben. Die Felle hängte Till Eulenspiegel im Geäst eines großen Baumes an der Weide auf. Die Schweineschwänze vergrub er in der Erde, bis nur noch die letzten Enden herausschauten.

Sodann rannte er zum Kloster und schrie aus Leibeskräften: »Kommt herbei, ein großes Wunder ist geschehen. Folgt mir auf die Weide.« Was denn geschehen sei, fragte der Abt. Eulenspiegel erwiderte: »Die Schafe sind ins himmlische Paradies eingegangen und die Schweine mussten zur Hölle fahren.« Erst verstand der Abt diese Rede nicht. Doch als er die Felle und Schwänze erblickte, wusste er, dass ihm dieser Jüngling einen üblen Streich gespielt hatte. Nun wollte er nicht auch noch diese Wette verlieren, schluckte also seinen Groll hinunter und nahm sich vor, beim nächsten Mal besser aufzupassen.

Dazu wollte er gleich Gelegenheit bekommen und hieß den jungen Burschen, Hausarbeit zu verrichten. Der Abt sagte: »Morgen ist Fastentag. Mache mir nach der Messe ein paar Bohnen und einen schön knusprig braun gebratenen Kohl.« Hernach warnte er den Jüngling, ihm nicht wieder mit Dummheiten zu kommen. Till Eulenspiegel ließ sich vom Küchenmeister des Klosters, dem Cellarius, einen guten Kohlkopf und zwei Bohnen geben. Den Kohl zog er über den staubigen Wirtschaftshof, bis er ganz braun war vor Schmutz. Dann briet er den Kohl gut an. In einem großen Topf kochte er die Bohnen.

Wie der Abt hungrig die Küche betrat, fragte er, wo denn die Bohnen seien. »Im Kochtopf, Vater«, erwiderte Eulenspiegel. Der Abt sah hinein und sprach: »Aber ich sehe nur zwei.« Till Eulenspiegel nickte: »Ich tat, wie Ihr es befohlen habt, und kochte Euch ein Paar Bohnen.«

Innerlich mochte es in ihm gären, aber der Abt blieb bei sich, setze sich und bat um den Kohl. Eulenspiegel tat auf. Mit großem Appetit biss der Geistliche in den Kohl hinein, doch wie er die Sandkörner zwischen den Zähnen spürte, spie er den Bissen wieder aus. »Was in drei Teufels Namen tischst du mir da auf?« Till Eulenspiegel tat erstaunt: »Habt Ihr nicht gewünscht, dass ich den Kohl schön knusprig braun bereite? Ich habe mir solche Mühe gegeben.«

Nun, wer Hunger hat, kann schon mal seine Sinne vergessen. Beinahe wäre der Abt aus der Haut gefahren, doch er bekam sich eben noch in den Griff und sprach: »Morgen lässt du dir zum Mittagessen selbst etwas einfallen, aber wehe dir, wenn du nicht in und außer Haus deinen Dienst ordentlich versiehst.«

Wie der Abt am anderen Tag von der Messe zurückkehrte, fand er das Haus verschlossen. Alles Rufen und Klopfen half nichts. Einer der Brüder, der des Schmiedens kundig war, musste helfen, die Pforte zu öffnen. Der Abt war kaum eingetreten, da vernahm er die Stimme des Jünglings. Im oberen Stockwerk saß er im offenen Fenster, ein Bein innen, das andere außen. Mit einer Hand putzte er das Fensterglas, mit der anderen strich er Farbe auf die Außenwand und pfiff dabei fröhlich. Der Abt rief ihn an: »Was treibst du da?« Till Eulenspiegel erwiderte frohgemut: »Ich mache meine Arbeit, wie Ihr es mir geheißen habt, innen und außen. Aber seht nur«, fuhr er fort und reckte sich, »darüber ist meine gute Hose entzweigegangen.« Wie ihm der freche Bursche das nackte Gesäß entgegenstreckte, verschlug es dem Abt die Sprache. Doch er besann sich, wollte er die Wette nicht verlieren und schluckte seinen Groll herunter.

Tags darauf hatte der Abt in Oderberg zu tun. Das Fuhrwerk war fast schon vom Klosterhof gerollt, da fiel dem Geistlichen ein, wofür er die Fahrt überdies nutzen könne. »Rasch«, rief er dem Jüngling zu, »eile in mein Haus und hole die dicken Stiefel. Die will ich in Oderberg dem Schuster zum Flicken bringen.« Till Eulenspiegel lief zum Haus, in dem gerade zwei Waschweiber aus dem Orte dabei waren, die gereinigten Kleider des Abtes abzuliefern. Auf diese hatte es Eulenspiegel abgesehen. Er nahm die Frauen in seine Arme, die eine links, die andere rechts und sprach: »Unser Herr, der gute Abt, hat befohlen, dass ich euch beide küssen soll.« Davon waren die Weiber gar nicht angetan. Weil Eulenspiegel aber so drängte, ließ es die erste geschehen. Die zweite war widerspenstiger. Da streckte Bruder Listig den Kopf aus dem Fenster und nach dem Fuhrwerk zu zum Abt: »Meint Ihr alle beide?« Der entgegnete nur: »Natürlich, du Dummkopf.« Also küsste Eulenspiegel auch das zweite Weib. Angewidert rannten die Frauen hernach aber hinaus und beklagten sich beim Abt über die Schande, die ihnen angetan

worden ist. Dem Klostervorsteher ward ungemütlich zumute. Würden die Waschweiber solches Gebaren im Orte erzählen, musste er um sein Ansehen fürchten.

So nahm er sich den jungen Burschen zur Brust: »Was hast du dazu zu sagen?« Till Eulenspiegel tat, als könne ihn kein Wässerchen trüben: »Aber Ihr ward es doch, der mir aufgetragen hat, alle beide zu nehmen.« Empört hoben die Frauen ein großes Geschrei an und drangen auf den Abt ein. »Elender Wicht«, rief dieser den Jüngling an und übergoss ihn mit übler Rede und wüsten Schimpfworten. »Soll dich der Teufel holen. Scher dich fort und komm mir nie wieder unter die Augen.« Till Eulenspiegel entfaltete ein breites Lächeln in seinem Gesicht und sprach: »Gern gehe ich. Aber nicht, ohne Euren Einsatz zu bekommen. Denn dieses Mal habt Ihr die Wette verloren.« Zähneknirschend hieß der Abt seinen Subprior, die verabredete Summe auszureichen.

Man kann sich vorstellen, wie groß die Freude unter den drei Brüdern in Golzow war, als Till Eulenspiegel mit den Beuteln voller Taler zurückkehrte. Dass sich keiner der Mönche des Choriner Klosters traute, diese peinliche Sache in die Chronik zu schreiben, kann man gleichfalls nur zu gut verstehen.

Wie Till Eulenspiegel einmal die Nase des Bürgermeisters suchte

An einem Markttage in Cottbus saß Till Eulenspiegel beim Marktinspektor, da trat der Diener des Bürgermeisters ein. »Ach«, sprach dieser, »meinem Herrn kann ich es heute gar nicht recht machen. Immerfort läuft er in der Amtsstube mit gesenktem Haupte auf und ab.«

Dem Inspektor war solches Gebaren nicht fremd, so nickte er nur voller Verständnis für den Gram des Dieners. Und sprach: »Das wird auch rasch vergehen.« Doch der Diener erwiderte: »Wenn es denn so wäre, würde es mich nicht dauern. Aber schon dem frühen Morgen zieht mein Herr oben in der Stube seine Bahnen, als trage er seinen Leib hinter seinem schweren Kopf her.« Auch lasse sein Herr niemanden vor und lehne Speis und Trank ab. Dann, so meinte der Inspektor ernst, dann liege dem Bürgermeister fürwahr etwas furchtbar Arges auf der Seele.

Till Eulenspiegel schätzte den Bürgermeister wohl, war dieser doch ein Mann, der einer guten Posse nie abhold war. »So will ich sehen, wo ihm der Furz quer sitzt«, sprach der Narr. Der trat auf den Altmarkt und und strebte nach dem Rathause zu. »Gebt Euch keine Müh'«, rief ihm der Diener nach, »er wird Euch nicht empfangen.« Bruder Listig erwiderte: »Ich werde ihn erst gar nicht fragen.«

Vom Nachtwächter nahm sich Till Eulenspiegel die Laterne, setzte das Licht in Brand und trat in die Stube des Bürgermeisters. Fürwahr, wie es der Diener erklärt hatte, lief der Bürgermeister mit gesenktem Haupte auf und ab. »Gott zum Gruße«, sprach Till Eulenspiegel. »Stör mich nicht«, erwiderte der Angerufene bloß, »und verschwinde!« Hernach setzte er seine

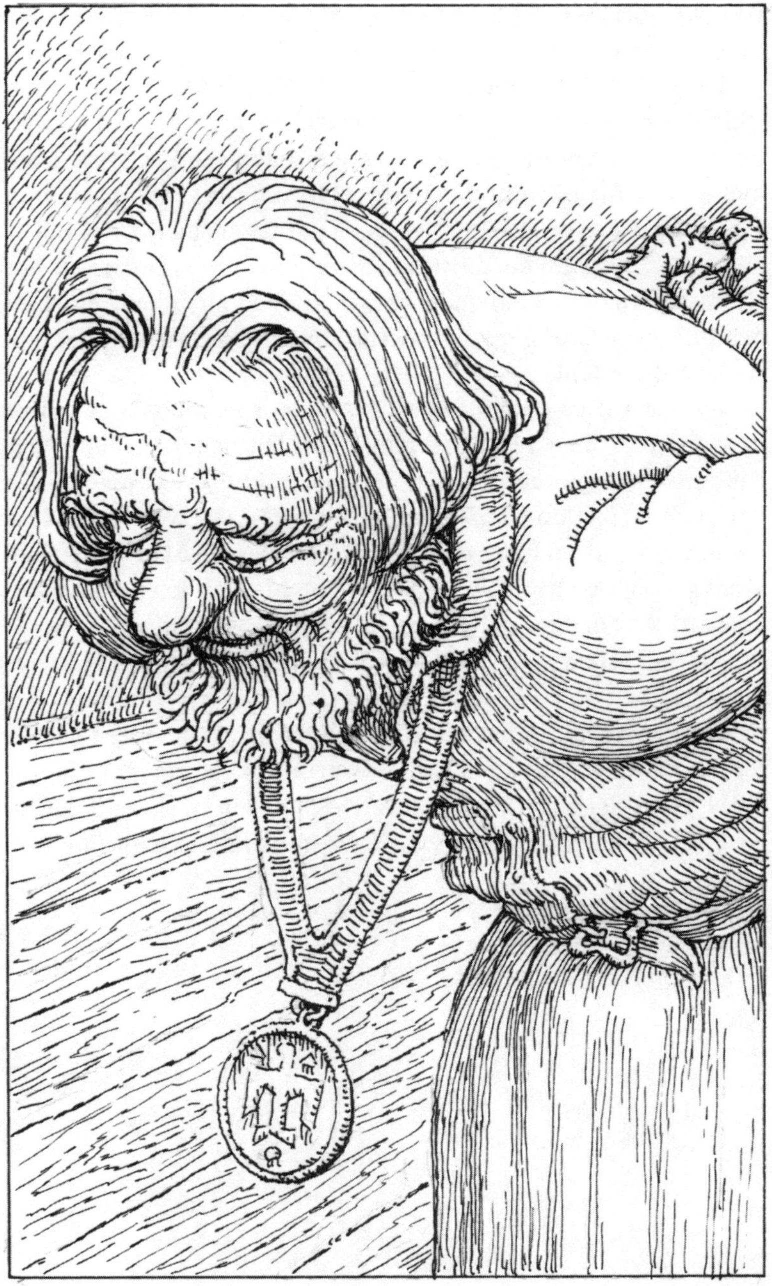

Runden fort und schenkte dem Eindringling keine Aufmerksamkeit mehr.

Doch Till Eulenspiegel begab sich auf die Knie, kroch zum Pult, dann zu den Schränken und leuchtete mit des Nachtwächters Licht darunter. Stets bemerkte er dabei: »Hier ist sie auch nicht.« Elle für Elle durchmaß der Narr die Amtsstube, in jeden Winkel warf er das Licht. Was auch immer er suchte, er fand es nicht. Erst ließ ihn der Bürgermeister gewähren. Doch war der Raum zu klein, um einander aus dem Weg zu gehen. So stieß der Bürgermeister gegen den kriechenden Narren und fiel nun selbst auf die Knie.

»So tut Ihr es recht«, sagte Till Eulenspiegel, »lange genug habt Ihr von oben geschaut, nun müsst Ihr näher suchen.« Der Bürgermeister besah den Narren und fragte: »Was um alles in der Welt treibst du hier?« Der Narr sprach: »Ich vernahm, dass Ihr mit gesenktem Kopf die Nase herabgelassen habt. Da Ihr sie wohl schon dem Morgen vergeblich sucht, hielt ich es für angezeigt, Euch bei der Suche nach Eurer Nase zu helfen.«

Als Till Eulenspiegel sein Antlitz nun in eine große Lachfalte verzog, ward dem Cottbusser Bürgermeister bewusst, was der Schalk gerade mit ihm trieb. Und er hob ein schallendes Gelächter an. »Was bin ich doch für ein Narr«, rief er aus und klopfte Till Eulenspiegel auf die Schulter: »Sei bedankt, guter Till, ein guter Spaß macht locker und hilft, feste Knoten zu lösen.«

Wie Till Eulenspiegel die Eberswalder mit einer Wurst vor dem Niedergang bewahrte

Wieder einmal zogen wilde Heerhaufen durch die Marken. Von Abend her waren es die Magdeburger, die die Dörfer verheerten und die Städte anrannten, von Morgen her kamen die Pommerschen, denen kein Hof zu klein war, ihn auszuheben und auszulöschen. So standen die Pommerschen bald vor Eberswalde und mühten sich, die bewehrte Stadt einzunehmen. Wie der Hauptmann der Horde sah, dass die Mauern hielten, hieß er seine Truppe, ein Lager zu errichten und Eberswalde auszuhungern. Eine Woche mochte dies schon gedauert haben, da wurden die Vorräte in der Stadt knapp und der Bürgermeister wusste nicht, wie lange er seine Getreuen noch unter Zuversicht halten konnte.

Zu dieser Zeit schmachtete Till Eulenspiegel im Kerker des Rathauses. Nicht allein, dass er den Syndikus hochgenommen hatte, war Bruder Listig noch dem Weib des Bürgermeisters nachgestiegen. Hätte diese sich jedoch sittsam geziehmet und den bunten Vögel tugendhaft abgewehrt, wäre Eulenspiegel rasch davongekommen. Doch es gefiel der Holden, sich von dem Weitgereisten umgarnen und betören zu lassen. Für gewöhnlich hockte der Bürgermeister ja nach der Ratsversammlung noch im Ratskeller. Doch wie konnte der Bürgermeister prassen, wenn die ganze Stadt Hunger und Durst litt? Also strebte er nach der Versammlung heim und fand Bewegung im ehelichen Bette, die er fürwahr nicht gutheißen konnte.

Nun war Till Eulenspiegel keineswegs gewillt im Kerker zu verschmoren. Der Weg in die Freiheit führte nur durch eine List, und so bat er, vor den Bürgermeister und den Rat gebracht zu werden. Wisse er doch, wie man Eberswalde von der Meute vor den Toren befreien könne. Gelinge ihm seine List nicht, sei er ohnehin ein toter Mann. Habe er aber Erfolg, so wolle er als freier Mann wieder seiner Wege ziehen dürfen.

Der Rat ließ Bruder Listig zu sich bringen und wurde mit ihm einig. Darauf hüllte sich Till Eulenspiegel in alte Lumpen, griff nach einem krummen Stecken, ließ die große Pforte öffnen und humpelte zum Stadttor hinaus – geradewegs in das Lager der Pommerschen hinein. Da staunten die Wachen sehr. Wer er denn sei und was er hier suche, wollten sie von Till Eulenspiegel wissen. Oh, er sei ein armer, verkrüppelter Bettler und blind obendrein, sprach der verkleidete Schelm. Für einen Kanten trockenes Brot und ein Schälchen dünner Suppe solle er den Feind ausspionieren.

Da brachten die Wachen den angeblichen Bettler zu ihrem Hauptmann. Der saß gerade zu Tisch und ließ sich allerhand feine Speisen munden. Erst lachte er über das sonderliche Begehren, dann aber hielt er inne und entschied: »Soll er sich doch umsehen, wo er doch nichts sehen kann.« Till Eulenspiegel nickte brav, dankte und ließ sich von einem Soldaten aus dem Zelt des Hauptmanns führen. Kaum war er fort, sprach der Hauptmann zu den Seinen: »Uns hat der Blinde eben verraten, dass die Eberswalder schon so ausgehungert sind, dass sie wirklich nichts weiter haben als trocken Brot und dünne Suppe. Mag sich also nur noch ein weiterer Tag seinem Ende neigen, bis sie freiwillig ihre Tore für uns öffnen.«

So humpelte Till Eulenspiegel durch das Lager, tat, als taste er hilflos mit seinem Stecken herum, doch sah er, wie viele Waffen die Feinde trugen und dass ihre Vorräte vielleicht noch eine Woche reichten. Mochte das Lager von der Stadtmauer aus betrachtet, mächtig erscheinen, so bot es doch wenig. Wie Bruder Listig durch jeden Winkel geschlurft war, ließ er sich vor den Hauptmann führen. Diesem dankte er brav für die freundliche Behandlung und dass er ihm half, sich Brot und Suppe zu verdienen. Gleichwohl sei es nur recht und billig, den fremden Hauptmann wissen zu lassen, dass die stolzen Eberswalde bei aller Not fest zu ihrer Stadt stünden. Da schüttelte es den Pom-

merschen vor Lachen. Er erhob sich und trat vor Eulenspiegel. In der Rechten hielt er eine prächtige Wurst und wedelte mit dieser vor Eulenspiegels hungrigen Mund herum wie ein freudiger Hund mit seinem Schwanz. »So wahr ich diese Wurst mit beiden Zipfeln verzehre, nehme ich dieses Städtchen ein.« Ringsumher stimmten die Mannen in das schallende Gelächter ein, ein Soldat schlug Eulenspiegel im Überschwang auf die Schulter, auf dass dieser gegen den Hauptmann stolperte. Darauf bedacht, die Verkleidung nicht verrutschen zu lassen, hielt sich Eulenspiegel am Hauptmann fest, rückte alles zurecht und stemmte sich an seinem Stecken hoch. »Geht, alter Mann, sagt dies den törichten Leuten.« Gelächter begleitete Till Eulenspiegel aus dem Lager heraus und durch das Tor in die Stadt hinein.

Drinnen warf Bruder Listig seine Verkleidung ab und sprach zu den Leuten. Nun hob in der Stadt ein großes Gelächter an, dass sich die Pommerschen ob solcher Freude wunderten. Eulenspiegel aber stieg auf den Wehrgang und rief zu den Fremden hinüber: »Seht, hier ist das Unterpfand Eures Hauptmanns.« Dazu schwenkte er die große Wurst, die er eben dem unbedachten Hauptmann entwunden hatte, ohne dass es diesem bewusst ward. »Er versprach, die Stadt einzunehmen, wie er diese Wurst hier mit beiden Zipfeln verzehre. Also muss er sich die Wurst erst holen, um sein Versprechen zu halten.« Dem pommerschen Hauptmann schwoll die Stirnader vor Wut, in Eberswalde aber fand die Freude kein Halten mehr, so lachten die Menschen.

Ob ihnen diese Tat des Narren neuen Mut gab, mag man gern annehmen. Gleichwohl warnte Till Eulenspiegel den Eberswalder Rat vor einem Ausfall: »Die da draußen sind zu stark. Wohl aber haben sie nur noch für eine Woche Proviant, dann müssen sie weiter, wollen sie nicht verhungern.« Der Rat erkannte: Diese Zeit würde genügen, die Bürger aus den eigenen Vorräten zu versorgen. Doch solange brauchten sie nicht zu warten. Schon am nächsten Morgen zogen die Pommerschen unverrichteter Dinge weiter. Für Till Eulenspiegel aber öffnete sich das Stadttor in die Freiheit. Auf eine gute Wurst haben es die Eberswalder seither nie wieder kommen lassen.

Wie der Hunger Till Eulenspiegel zum Mundraub trieb

Nichts wollte ihm gelingen, keiner gab ihm Arbeit, also streifte Till Eulenspiegel ohne Plan und Ziel durch die Marken, wohl hoffend, eine Gelegenheit ergebe sich für ihn. Des Nachts musste er sich nicht vor Wölfen fürchten, knurrte doch sein Magen lauter als der Isegrim selbst. Von Nauen aus schlug er den Weg nach Spandau ein, da kam ihm zwischen Finkenkrug und Falkenhagen ein Bursche entgegen, dessen Miene trüb und der Gang schleppend war. Woher und wohin, fragte ihn Eulenspiegel. Aus dem Tal des Hungers auf den Berg des Wohlbehagens, erwiderte der Bursche. Da hatten sich zwei Hungerleider getroffen, die beide nicht wussten, welcher Weg sie zum Ziele führen könnte. »Eben traf ich einen Kaufmann, der sich eine gute Mahlzeit gönnte«, berichtete der Bursche. Er habe ihn um einen Kanten Brot und ein Stücklein Käse gebeten, doch der Kaufmann habe ihn angeherrscht »Selber essen macht dick« und fortgejagt.

»Dann wollen wir es doch noch einmal versuchen«, sprach Bruder Listig. »Wollen wir doch einmal sehen, womit wir uns heute den Bauch vollschlagen.« Er weihte den Burschen ein, wie er sich zu benehmen habe, und ließ sich den Weg weisen. Tatsächlich saß der Kaufmann immer noch unter einer Eiche und ließ sich seine Mahlzeit munden. Der Tag neigte sich seinem Ende zu und so hatte der Kaufmann das Pferd ausgespannt und das Nachtlager bereitet. Eben wollte er Brot, Käse und was er sonst noch auf seiner Tafel im Wald hatte, sorgsam einräumen, da gewahrte er das laute Gerede zweier Männer.

»Du wirst schon sehen, was ich dir versprochen habe«, rief Till Eulenspiegel. »Aber ich bin doch eben an diesem Baum vorbeigegangen und habe es nicht bemerkt«, erwiderte der Bursche. »Solltest ab und an den Blick in die Höhe richten«, fuhr Eulenspiegel fort. So disputierend kamen sie an die Lagerstatt des Kaufmanns. »He«, rief dieser den Burschen an, »du hattest doch eben bei mir gebettelt.« Der Bursche sprach: »Gewiss doch, nun aber traf ich diesen Gesellen hier und der versprach mir mehr als Euren ärmlichen Käse und Eurer dröges Brot, das Ihr mir vorenthalten habt.« Betreten sah der Kaufmann in den Vorratssack.

Till Eulenspiegel sprach zu dem Burschen: »Was siehst du, wenn du nun nach oben schaust?« Der Bursche warf den Kopf ins Genick: »Wolken sehe ich.« Eulenspiegel setzte nach: »Richtig, und wie zeigen sie sich?« Der Bursche besann sich und erwiderte: »Rot sind sie, mit etwas weiß dabei.« Auch der Kaufmann blickte in die Höhe und konnte sich keinen Reim darauf machen, was der Narr sagen wollte. »Was du siehst«, sagte Eulenspiegel, »das ist Wolkenfleisch, saftig rot mit weißem Fett.« Was dem Burschen als Wolken erscheinen mochten, seien tatsächlich große Fleischbatzen.

Nun brachte sich der Kaufmann ins Gespräch. Wie dieses möglich sei. »Ich kenne nur Fleisch von Tieren, das uns erlaubt ist zu verzehren.« Till Eulenspiegel besah sich den Kaufmann in einer mitleidigen Weise und sprach: »Mir scheint, Ihr seid auf Gottes weiter Erde noch nicht viel herumgekommen. Wer gibt uns die Luft zum Atmen? Wer lässt das frische Wasser fließen? Wer macht, dass feine Früchte an Sträuchern und Bäumen wachsen?« Der Kaufmann erwiderte: »Na Gott, natürlich in seiner großen Güte.« Till Eulenspiegel wandte sich an den Burschen: »Unser Edelmann weiß doch manches, offenbar aber nicht, dass Gott uns Wolken aus bestem Fleisch schickt, das wir einsammeln müssen. Heute hängen die Wolken tief genug, dass man auf dieser Eiche nur bis in die obersten Äste klettern muss, um reiche Ernte halten zu können.«

Der Bursche tat erstaunt: »Das ist ja unglaublich.« Der Kaufmann stierte mit offenem Maul himmelwärts und nickte zur Bestätigung. Till Eulenspiegel sprach: »Da ich mich keinen Meter hoch in einen Baum hinaufgetraue, war ich froh, dich zu treffen, auf dass du für uns einen großen Batzen vom Himmel holst, den wir uns frisch braten wollen.« Da hob der Bursche ein klägliches Geheul an. »Mir geht es nicht anders als dir, wie furchtbar. Die Angst vor jeder Höhe zerreißt mir die Seele.« Der Kaufmann ward plötzlich wie aus einer Starre geweckt. »Klettern? Nichts leichter als das.« Eulenspiegel lachte freudig: »Dann wäre unser Abendbrot ja gerettet.«

Der Kaufmann wollte eben in den Baum klettern, da fragte Eulenspiegel: »Aber worin wollt Ihr das gute Fleisch sammeln?« Der Narr hatte Recht. Der Kaufmann sah sich um. Bruder Listig hatte den Vorratssack gegriffen und schüttete den Inhalt aus. Zwei Brote, vier Stücken Käse und zwei prächtige Würste fielen ins Gras. Eulenspiegel schob den leeren Sack unter den Gürtel des Kaufmanns und zusammen mit dem Burschen half er dem Händler in den Baum hinein. Dieser stieg Ast um Ast in die Höhe und dachte bei sich: Einen Sack bringe ich hinab, den Rest der Fleischwolke aber verstecke ich ihm Geäst und hole es mir, wenn die beiden Hungerleider wieder fort sind. Eulenspiegel sah, wie sich die Wolken verzogen und dahinter der klare Himmel schon die ersten Sterne zeigte. »Beeilt Euch, das Fleisch bleibt nicht ewig dort stehen«, rief er hinauf. »Ich mühe mich ja, aber schneller geht es nicht«, kam es aus dem Baum zur Antwort. Die Aussicht auf das gute Geschäft, das er auf dem Markt mit dem Wolkenfleisch abschließen würde, gab ihm frischen Mut und neue Kraft. Derweil nahm der Bursche ein Brot, den Käse und die Würste und trug sie in ein Versteck, etwas entfernt vom Lager des Kaufmanns.

Der Kaufmann war eben in der Spitze der Krone angelangt, da war die letzte Wolke vorüber gezogen. »Konntet Ihr wenigstens noch ein paar Fetzen für uns erlangen?«, rief Eulenspiegel hinauf. »Nein, ich kam zu spät«, schallte es aus der Krone. Wie der Kaufmann betrübt hinab kletterte, vernahm er von unten das Gebrüll des Burschen und des Narren. »Verschwindet«, rief der eine. »Gefrässige Bande«, kam es vom anderen. Der Kaufmann war fast unten angelangt, da rief Eulenspiegel aus der Deckung hinter dem Wagen hervor: »Wartet noch eine Weile im

Baum, um sicher zu sein, dass die Wölfe nicht zurückkehren.« Er tat wie ihm geheißen. Tatsächlich verstrich eine Weile, bis Eulenspiegel und der Bursche hervortraten und dem Kaufmann vom Baum halfen.

»Ach«, klagte der Bursche, »wie Ihr oben wart, kamen Wölfe heran. Wir konnten uns unserer Haut gerade so erwehren. Aber den Räuber die Würste, den Käse und das Brot zu entreißen, das sie sich geschnappt hatten, das ist uns nicht gelungen.« Betrübt betrachtete der Kaufmann das verbliebene Brot. Der Bursche dachte bei sich: Du Geizhals hattest ja heute schon ordentlich zu Abend gegessen. Der Kaufmann dachte bei sich: Zum Glück habe ich im Wagen weiteren Vorrat. Till Eulenspiegel aber sprach zum Burschen: »Lass uns eilen, womöglich fangen wir die Fleischwolke doch noch ein und können uns was braten.« Beide wünschten dem Kaufmann alles Gute und der war froh, die beiden so schnell wieder los zu sein. Denn nach dieser anstrengenden Kletterei wollte er mit dem Nachtmahl nicht allzu lange warten. In reichlicher Entfernung hatten Till Eulenspiegel und der Bursche ihr Nachtlager aufgeschlagen und ließen sich Brot, Käse und Würste vortrefflich munden.

Wie Till Eulenspiegel die Ehre der Finsterwalder rettete

Mag sein, dass Till Eulenspiegel just auf dem Weg zum König von Polen war oder eben vom Papstbesuch aus Rom kam, es verschlug ihn in das Städtchen Finsterwalde in der Niederlausitz. Im Kruge dicht bei der Trinitatis-Kirche hoffte er auf einen guten Trunk und ein feines Mahl, ehedem er sich trocken und warm zur Ruhe betten konnte. Der Tag war grau und nass und hatte sich schwer auf das Gemüt des Narren gelegt. Wie er den Krug betrat, stand ihm nicht der Sinn nach Streichen, um sich das Abendbrot zu verdienen. Heute wollte er sich in aller Ruhe stärken und die Zeche brav mit dem Geld bezahlen, dass er am Tage erlöst hatte. So hieß er den Schenk, ihm einen Teller Gebratenes, gutes Brot und einen Krug Bier aufzutischen. Der Wirt tat, wie ihm geheißen, und bald sah Till Eulenspiegel seinen Wunsch erfüllt.

Wie er stille aß und trank, brandete in einer anderen Ecke der Schenke ein Gezänk auf. Ein Handelsmann schimpfte den Krüger, er möge ihm fürderhin keine solche Plörre servieren, sondern einen starken Trunk, wie es sich für einen Weitgereisten wie ihn geziemet. Dem Klang seiner Worte nach kam dieser Gast aus Bayern, und auch die Derbheit seiner Rede ließen keine Zweifel an seiner Herkunft. Nun war aber der Mundschenk kein Hase, der sich ob dieses Gebrülls in sein Loch verkroch. Grimmig warf er dem Fremden entgegen, dass er gefälligst das gute Finsterwalder Bier nicht als Plörre zu beleidigen habe, wo es doch weit und breit als gut und gehaltvoll bekannt sei und gerühmt werde.

Da lachte der Händler aus voller Brust und rief: »Ihr versteht nichts von starken Getränken, wie man sie in meiner Heimat fürwahr starken Männern serviert.« Da ging ein Rumoren durch den Schankraum, wollten sich die Lausitzer doch nicht als Waschweiber beschmutzen lassen. Denn nichts anderes hatte der Fremde mit seiner Beleidigung wohl im Sinn. Doch selbst im Angesicht der Vielzahl grimmiger Kerle ließ der Bayer nicht ab, immerfort seine Biere, Weine und Brände als die stärksten und daher besten zu lobpreisen.

Da trat der Bürgermeister dazwischen. »Ihr habt ein loses Maul, doch es scheint mir, als seid Ihr bereit, Eure Behauptungen belegen zu können.« Der Fremde erhob und trat vor den Bürgermeister. »So ist es recht, Ihr versteht, worauf ich hinaus will. Lasst uns messen.« Aus seinem Gepäck nahm er drei Gefäße und stellte diese auf den Tisch. »Dieses sind die stärksten Getränke, die es auf Gottes weiter Erde gibt.« Von seinem Gürtel löste er eine Geldkatze, und wie er diese auf den Tisch legte, hörte ein jeder den guten Klang schwerer Münzen. »Und diesen Beutel biete ich dem, der mich Lügen straft.«

Rasch ging in der Schenke ein Hut herum, in den jeder Finsterwalder, der sich ob dieser Ansprache geschmäht fühlte, seinen Teil tat, um dem großmäuligen Bayern die Stirn zu bieten. Der Wirt füllte einen Becher mit dem stärksten Bier, das es in seiner Schenke gab, einen Becher mit dem süßesten und kräftigsten Wein, den der liebe Herrgott in der Lausitz gedeihen ließ, und einen Becher mit dem stärksten Branntwein, den für gewöhnlich die Medicusse nutzten, um ihre chirurgischen Messer von Keimen zu erlösen. Der Fremde ließ sich drei Becher reichen, die er mit seinem Bier, seinem Wein und seinem Branntwein füllte. »Und wer soll der Richter sein?«, rief er in die Runde. »Entscheidet Ihr«, sagte der Bürgermeister, »Ihr seid allein, wir sind derer viele.« Der Händler sann nicht lang. »Dann holt den Pfarrer aus der Kirche. Ein Diener Gottes darf nicht lügen, selbst wenn er kein Bayer ist.«

Rasch war eine Magd geeilt und ebenso eilig kehrte sie mit dem Pfarrer zurück. So und so ist das, erklärte ihm der Bürgermeister und sprach ihm Mut zu. Erst zierte sich der Geistliche, nannte die Wette Teufelswerk, doch als ihm der Bürgermeister

versicherte, dass sich jeder in Finsterwalde an das Urteil des Herrn Pfarrer gebunden fühle, ward er besänftigt. Till Eulenspiegel hatte gegessen und getrunken und wollte eben seine Zeche zahlen, da bat ihn der Wirt zu warten, bis die Wette entschieden sei. Jetzt habe er zu tun. So stellte sich Eulenspiegel zu den Leuten, die gebannt auf den Pfarrer und die sechs Becher starrten.

Der Geistliche nahm einen Schluck vom Finsterwalder Bier und lobte den Schenk für die gute Wahl. Doch als er vom Bier des Bayern kostete, kam er nicht umhin, diesem Trunk mehr Kraft zuzusprechen. Mit Wein kannte sich der Pfarrer aus, und so freute es ihn, als er im Becher einen Tropfen fand, der auch ihm als stärkster der Welt galt. Wie aber gingen ihm die Augen über, als er den Wein des Händlers in den Mund nahm. Nun blieb noch die Hoffnung, der Branntwein halte die Ehre von Finsterwalde hoch. Vorsichtig nippte der Pfarrer am Becher des Wirtes und beinahe blieb ihm der Odem im Halse stecken, wie ihm der Trunk die Kehle hinabrann. Doch als er am Branntweinbecher des Händlers roch, traten ihm schon Tränen in die Augen, so stark war der Tropfen. Er wagte es kaum zu kosten, und der Bürgermeister musste ihm zusprechen. Also kostete er und es traf ihn wie ein Blitz. Der Pfarrer riss die Augen auf, rief die Heilige Mutter Gottes an und brach auf dem Tisch zusammen. Ihm war die Besinnung genommen und es währte eine Weile, bis er wieder wach war und wortlos seine Hand auf die Schulter des Handelsmannes legte.

Der Bayer frohlockte und griff nach den Geldbeuteln. Die Umstehenden zogen lange Gesichter und der Bürgermeister wollte sich eben zum Gehen wenden, da trat Bruder Listig hervor und sprach: »Mir scheint, das stärkste Getränk ist in dieser Runde noch nicht dabei gewesen.« Die Leute staunten ob dieser Rede aus dem Mund eines Mannes, der ihnen gleichfalls fremd war.

Der Händler lachte nun noch lauter und rief: »So kann nur ein Narr sprechen, und wie wir sehen, ist es auch einer.« Doch Till Eulenspiegel winkte ab: »Bei der Wette war die Rede vom stärksten Getränk, und das hat man in diese Becher bislang nicht gefüllt, gleichwohl es das in Finsterwalde gibt.«

Bruder Listig beharrte mit solchem Nachdruck, dass des Bayers Freude verflog und er ärgerlich ward: »Dann soll er es verdammt noch mal beweisen. Die Wette ist wieder offen.« Ein Junge trat heran und reichte Till Eulenspiegel einen Krug. Ihn hatte Bruder Listig gebeten, das Getränk rasch zu holen. Der Narr ließ sich drei Becher reichen, schenkte ein und reichte dem Händler, dem Bürgermeister und dem Pfarrer einen. »Zum Wohl«, sprach Eulenspiegel und die drei Männer tranken.

Doch der Tropfen hatte kaum ihren Gaumen berührt, da spien sie ihn im hohen Bogen wieder aus. »Das ist ja Wasser«, rief der Pfarrer. »Welch widerwärtiges«, setzte der Händler. »Packt den Narren, solchen Streich soll er uns büßen«, rief der Bürgermeister. Doch Bruder Listig gebot den Leuten, ihn erklären zu lassen. »Gewiss ist das Wasser, aber es ist welches aus der Schacke, das mir der Bursche eben schöpfte.« Nun kannten die Finsterwalder das Flüsschen sehr wohl, das durch ihre Stadt floss und wunderten sich über diese Worte. Till Eulenspiegel fuhr fort: »Habt Ihr je gesehen, dass Branntwein Mühlen antreibt, dass Wein Boote trägt und dass Menschen in Bier ersaufen?« Die Leute schauten betreten. Bruder Listig setzte nach: »Das habt Ihr nicht. Wohl aber wisst, dass die Schacke Mühlen antreibt, Boote trägt und dass in dem Fluss immer wieder Menschen und Tiere ertrinken. Also ist dieses Wasser stärker als alle Getränke, die hier auf dem Tische standen.«

Der Bayer schnappte nach Luft, der Bürgermeister entfaltete ein breites Grinsen in seinem Antlitz und unter den Leuten hob ein Rumoren an. Der Pfarrer fand als erster die Worte wieder, klopfte Till Eulenspiegel auf die Schulter und sprach: »Recht hat er, der Narr. Wie blind waren wir doch in unserem Eifer?«

Die Finsterwalder freuten sich über diese Urteil. Allein der Handelsmann schäumte, die Galle lief ihm über. »Ihr mit Eurer Schacke, ihr alle habt doch eine Schacke.« Wutentbrannt griff er sein Gepäck und stürmte fluchend aus der Schenke.

Till Eulenspiegel aber ließ sich noch einmal voll einschenken, was ihm Wirt und Bürgermeister nur zu gern gewährten. Hernach zog er nach Mitternacht zu aus Finsterwalde heraus, hin zum Gut des Ritters von Münchhausen, eine gute Wegstunde entfernt. Dieser war für eine gute Geschichte immer zu haben, was Bruder Listig zu nutzen verstand und das gewünschte Nachtlager bereitet fand.

Den Schimpf »Du hast doch eine Schacke« wirft man bis heute Leuten an den Kopf, die man ob ihrer unsinnigen Sprüche geißeln will. Den Beweis, dass hier ein bayrischer Handelsmann die Urheberschaft trägt, hat noch niemand erbracht. Eines aber ist gewiss: In Finsterwalde verstand es lange Zeit später ein tapferer Bürgermeister namens Koswig, die Ehre seines Landesvaters hochzuhalten, und einen Bayern im Trinken zu bezwingen.

Warum in Forst die Rosen so geehrt werden

Als die Menschen noch an das Gute glaubten, war Till Eulenspiegel im Dienste eines Gastwirtes im Städtchen Forst. Der Mann war geizig und hartherzig. Allein dessen Weib dauerte den Narren, also blieb er länger, als er eigentlich wollte. Das Weib war ein gutes, es half den Armen und Kranken, wo immer es ging. Der Wirt wusste wohl um die mildtätige Gesinnung seines Weibes und ließ es bei jeder Gelegenheit wissen: Es gehöre sich nicht für eine bessere Dame, die Winkel des Elends aufzusuchen. Überdies solle die Frau nicht die Sachen verschenken, für die er in der Schenke gutes Geld bekomme. »Selber essen macht dick«, gab er seinem Ehegesponst mit auf den Weg, wenn es wieder mit dem Korb am Arm das Haus verließ.

Die Frau wollte mit ihrem Mann in Frieden leben. So suchte sie ohne sein Wissen die armen Menschen auf, gerade so, wie sie es dem lieben Gott versprochen hatte. Kaum war der Bauer außer Haus, mal zum Markt oder zu anderen Besorgungen nach Cottbus hin, da packte sie ein Körblein voller Gaben und ging zu den Hilfsbedürftige ging.

Till Eulenspiegel war das Gebaren des Weibes schon in der ersten Woche aufgefallen. Wie er hörte, dass der Krüger die Gute schimpfte, weil er den Verdacht hegte, sie halte sich nicht an seine Weisung, da fasste sich Eulenspiegel ein Herz und sprach die Wirtin an, als der Gatte nicht zugegen war. Das Weib freute sich, dass es sich jemandem anvertrauen konnte. Till Eulenspiegel hörte ihre Worte und sie hatte noch nicht geendet, da war ihm schon klar, was zu tun sei.

Anderntags, es war dies ein klarer Wintertag, da trat Till Eulenspiegel an den Schenk heran und sprach: »Euer Weib ist ge-

willt, sich wieder Eurem Wort zu widersetzen. Ich sah es eben, wie es den Korb packte.« Der Krüger ward ärgerlich: »So, tut mein Weib dieses also doch?« Eulenspiegel setzte nach: »Oh gewiss doch, gewiss. Gute Wurst, feines Brot und zwei Flaschen Wein, das tat Euer Weib heute in den Korb.« Wütend stampfte der Krüger auf. »Mein sauer verdientes Geld trägt die Frau zu den Hungerleidern, zu den Nichtsnutzen.« Eulenspiegel trat näher an den Krüger heran und flüsterte: »Dann müsst Ihr sie auf frischer Tat ertappen. Aber hört.« Eulenspiegel hielt inne und lauschte. »Mir scheint, der Korb ist gepackt und es geht ans Verteilen. Da kommt sie schon. Nutzt die Gelegenheit.«

Einem armen, kranken Mann am Rande der Stadt wollte die Frau eine Stärkung bringen. Wie erschrak sie, als ihr unvermittelt auf der Treppe der Schenk entgegenkam. Er sah den Korb und fuhr sie hart an: »Wo willst du hin? Was trägst du da im Korb?« »Ach, Mann«, erwiderte die erschrockene Frau. »Nun«, fragte er heftiger, »was hast du da?« Die Frau war verwirrt, fand wohl nicht die richtigen Worte und sprach schließlich: »Rosen.« Da war es dem Gastwirt zu viel. »Was? Jetzt im Winter Rosen?«, rief er. »Du lügst mich an. Du trägst wieder gute Sachen zu den Nichtsnutzen, ich weiß.« Er griff zu, entriss der Frau den Korb, nahm das Tuch herunter und erstarrte.

Was er sah, verschlug ihm die Sprache. Kreidebleich ward sein Gesicht, die Knie zitterten, Tränen traten aus den Augen. »Verzeih mir«, flüsterte er, Er gab ihr den Korb zurück und nun war es an ihr zu staunen: Der Korb war gefüllt mit wunderschönen Rosen. Da war es, als träfe den Krüger der Blitz und erleuchte sein hartes Gemüt. »Jetzt erkenne ich, welch edle Frau mein Weib ist.«

Die armen Leute im Städtchen wussten bald nicht mehr, ob der Wirt oder sein Weib mildtätiger war. Seither haben die Rosen in Forst einen ganz besonderen Wert und werden hoch geschätzt. Bis heute hat es aber niemand erfahren, dass Bruder Listig aus Stoff und Papier feine Rosen schaffen kann. Diese hatte er in den Korb gelegt und der Krügerin eingeschärft, wie sie ihrem Manne zu begegnen sei.

Warum Till Eulenspiegel in Frankfurt an der Oder in ein Bett schiss

Von Strausberg her zog Till Eulenspiegel nach dem Morgen zu. Wie sich seine Wege mit denen eines Predigers kreuzten, kamen sie überein, gemeinsam nach Frankfurt einzuziehen und sich eine Herberge zu suchen. Dicht beim Markte fanden sie diese und traten ein. Nun waren die beiden Wanderer weit gelaufen, also rechtschaffen hungrig und durstig. Der Wirt bat sie recht freundlich zu Tisch und stellte Fisch und Wildbret darauf. Als Eulenspiegel und der Priester der Bitte Folge leisten wollten, setzte die Wirtin den Geistlichen oben an die Tafel und legte ihm das Gute in den Schüsseln vor. Sie sprach: »Herr, esset das um meinetwillen.« Das musste man dem Priester kein zweites Mal sagen und er schöpfte mit Behagen aus dem Vollen. Es war wohl mehr, als ein gesunder Mann verkraften konnte.

Eulenspiegel aber ward unten an den Tisch gesetzt. Er sah den Wirt und die Wirtin an ohne Unterlass, und es musste erst eine ganze Weile vergehen, ehe ihm die Wirtin wortlos ein Schälchen mit dünner Kohlsuppe servierte, und das, obwohl er doch gleichviel bezahlen musste wie der Prediger. Doch auch dieser sah nicht, dass er alles und sein Wanderbruder nichts bekam, und schlang munter weiter die feinen Speisen in sich hinein. Als das Mahl geendet und beide Wanderer zu ruhen gedachten, wurden sie in die gleiche Kammer gelegt. Für jeden wurde ein schönes, sauberes Bett bereitet, in dem sie schliefen.

Kaum dass der Hahn gerufen hatte, stand der Geistliche auf, betete brav, machte sich zurecht, bezahlte den Wirt und zog seine Straße weiter. Eulenspiegel aber blieb noch eine ganze Weile länger liegen. Es muss gegen neun Uhr gewesen, als auch er sich erhob. Er trat an das Bett, in dem der Priester genächtigt

hatte, schlug die Decke zurück und schiss einen großen Haufen auf das Laken. Dann tat er die Decke zurück und verbarg sich in seinem Bette.

Derweil fragte die Wirtin ihre Magd, wie es um die Gäste bestellt sei, ob der Prediger und die übrigen aufgestanden seien und ob sie abgerechnet und ihre Zeche gezahlt hätten. »Gewiss doch«, erwiderte die Magd, »der Herr Prediger war gleich der erste, er ist auch schon weitergezogen. Aber den anderen Gesellen, den habe ich heute noch nicht gesehen.« Da stieg die Wirtin zur Kammer hinauf, fürchtete sie doch, der Narr sei krank. In der Kammer sprach sie zu Till Eulenspiegel, warum er nicht aufstehen wolle. Bruder Listig erwiderte: »Ach, gute Wirtin, mir ist nicht recht wohl.«

Die Wirtin nahm derweil die Decke des anderen Bettes, um sie zu richten. Wie erschrak sie aber, als darunter der große Haufen lag und fürchterlich stank. »Ei, behüt mich Gott«, rief sie, »was liegt denn da?« Bruder Listig aber sprach: »Ja, liebe Wirtin, das wundert mich nicht, denn was gestern Abend an Gutem auf den Tisch kam, davon wurde das Allerbeste dem Pfaffen vorgelegt. Und den ganzen Abend habt Ihr ihn ermuntert und gesagt, er soll nur alles aufessen.« Die Wirtin schüttelte nur den Kopf, Eulenspiegel aber fuhr fort. »Der Pfarrer hat so viel gegessen, da wundert es mich, dass es bei diesem Haufen da im Bett geblieben ist. Eigentlich hätte er die Kammer noch voll scheißen müssen.«

Die Wirtin fluchte über den unschuldigen Priester. Der brauche sich bei ihr nicht mehr sehen zu lassen, schimpfte das erboste Weib. Eulenspiegel aber, meinte die Wirtin, sei fürderhin stets willkommen, den wolle sie gern wieder beherbergen. Bruder Listig umgarnte das Weib am Ende noch so trefflich, dass es ihm von der Magd ein Frühstück bereiten ließ, wie es auch dem edlen Kurfürsten zur Ehre gereicht hätte.

Wie Till Eulenspiegel einmal zwei starke Männer zum Narren hielt

Till Eulenspiegel trat eines Tages in der alten Stadt Frankfurt an der Oder auf den Untermarkt. Die Bauern aus dem Oderbruch dies- und jenseits des Stromes boten ihre Feldfrüchte feil, Händler riefen edle Gewürze und feine Tuche aus und das Getier, das seinen Käufer suchte, schnatterte, grunzte und wieherte, dass es eine Freude war. Wie Till Eulenspiegel nun staunend um sich sah und über den vollen Marktplatz schritt, achtete er auf mancherlei, aber nicht darauf, wohin ihn seine bunten Schuhe führten. So geschah es, dass er gegen einen Mann stieß. »Na, wer stellt sich denn meiner Neugier in den Weg?«, rief der Narr, wie es seine Art war. Der Angerufene indes hatte keinen Spaß an solcher Begegnung. Er baute sich vor Till auf, stemmte die Hände in die Hüften und sog kräftig Luft durch die Nase ein. Ein, zwei Köpfe größer als Till mochte dieser Bursche sein, die Statur eines Bären, den grimmigen Blick eines Wolfes. »Was sagst du da?«, erwiderte er.

Jeder andere hätte sich angesichts solches Hünen gewiss vor Ehrfurcht in den Staub geworfen, untertänigst entschuldigt und gemacht, dass er rasch fort kam. Doch Till Eulenspiegel war nun einmal aus einem anderen Holz geschnitzt und sprach keck: »Ich wollte nur wissen, wer es wagt, sich meiner steten Wissbegierde in den Weg zu stellen.« Seine Worte garnierte er mit einem Lächeln, wohl hoffend, dem Burschen zu zeigen, dass es fröhlich gemeint sei. Dem großen Kerl war aber ganz und gar nicht zum Spaßen zu mute. Eben wollte er Till Eulenspiegel beim Kragen packen, da sprang dieser beiseite. »Obacht«, warnte dieser, »seid gewarnt, dass Ihr Euch nicht mit einem der stärksten Männer im Lande des edlen Markgrafen einlassen solltet.« Ein Raunen ging durch die Menge, die sich um den Narren und den großen Burschen gesellt hatte. Da schwoll dem Großen die Stirnader. »Und das willst du sein, du Zwerg?« Till Eulenspiegel mochte sich inzwischen in seiner Haut nicht mehr recht wohlfühlen, aber Rückzug war nie sein Weg, also fuhr er kühn fort: »Wenn Ihr Euch hier auf dem Frankfurter Markt vor all den Leuten blamieren wollt, dann wohl an.« Der Hüne lachte laut: »Hört ihn euch an, diesen König der Tagediebe, will sich mit mir messen. So gebe ich ihm meine Fäuste zum Mittagsmahl und wir werden sehen, wie er sie verdaut.« Doch Eulenspiegel winkte ab. »Oh nein, so leicht kommt Ihr mir nicht davon. Wartet, ich bin gleich wieder da.«

Sprach's und schritt eilig fort. Hart am Markte hatte ein Seiler seine Werkstatt. Diesen bat Till Eulenspiegel um ein langes Tau, wie es die Oderschiffer nutzen, um ihre Kähne am Ufer festzumachen. Der Hüne hatte schon gedacht, der freche Narr habe sich aus dem Staub gemacht, da kehrte Eulenspiegel mit dem fürwahr langen Tau zurück. »Morgen«, sprach Bruder Listig, »wollen wir uns zur selben Zeit an der Oderbrücke wieder treffen und uns im Tauziehen messen. Ihr zieht am linken, ich am rechten Ufer.« Der große Kerl lachte. »Nun gut, so sollen wir alle unseren Spaß bekommen.« Er sah sich um und die Leute hoben gleichfalls ein schallendes Gelächter ein.

Till Eulenspiegel gab das Tau beim Brückenwächter in Verwahrung und eilte hinüber in die Dammvorstadt. Er besuchte eine Schenke nach der anderen, bis er endlich jene fand, in der ein wahrer Koloss als Krüger diente. Nun wusste Till Eulenspiegel wohl, dass die Dammvorstädter bei den Frankfurtern oft nicht sonderlich angesehen waren. »Ich komme eben drüben vom Markt«, sprach Till den Krüger an, »da erzählt man Unziemliches über die Menschen in der Vorstadt auf der anderen Seite des Flusses.« Der Wirt horchte auf und hieß seine Gäste, es ihm gleichzutun. »Sprich«, sagte der Schenk. »Die da sagen, die Vorstädter seien auf den Kopf gefallen und stammten von Hasen ab. Schwächlich und feige seien sie allesamt.« Ein Murren und Knurren füllte die Schenke. Dicht rückten die erzürnten Leute an den Narren heran. Till musste schon fürchten, sie wollten dem Überbringer der schlechten Nachricht den Kopf abschlagen, da hieß er sie innezuhalten. »Ich war so frei, Einspruch zu erheben, weiß ich doch, wie ehrbar, tapfer, stark und fleißig die Menschen rechts der Oder sind.« Zustimmung wogte ihm entgegen. »Und einen besonders groben Klotz habe ich einen Schwächling und Maulheld geheißen.« Da staunte der Krüger ob des Mutes des Narren. »Warum hat er dich dafür nicht gleich zerlegt?« »Ach«, sprach Eulenspiegel, »ihr wisst doch, wie einfältig die da drüben sind. Aber so ganz ungeschoren wollen sie mich davon kommen lassen. Sie fordern, dass ich mich mit ihrem Stärksten im Tauziehen messen soll.« »Und«, fragte der Wirt, »hast du angenommen?« Keck blickte Eulenspiegel in die Runde. »Selbstredend tat ich dies, habe ich doch endlich Gelegenheit, einem Großmaul zu zeigen, wer sein Meister ist.«

Für solche Rede erntete Till Eulenspiegel nicht allein Beifall und Jubel, man lud ihn ein, ordentlich zu essen und zu trinken. Einem jeden schien es eine Ehre, den Narren bewirten zu lassen. Derweil es sich dieser gut gehen ließ, musste er den Dammvorstädtern alles über das morgigen Kräftemessen berichten, wie die Regularien seien, wo das Tau liege, wer darauf achte, dass es mit rechten Dingen zu gehe. So und so ist das, sprach Till Eulenspiegel und ließ sich die nächste Speise munden. Denn kochen, garen und braten, das konnte man hierzulande gewisslich. In einer Ecke der Schenke aber steckten einige wichtige Vorstädter die Köpfe zusammen. »Das gelingt dem Hänfling doch nie und nimmer«, meinte der Barbier. »Die ziehen ihn über den Fluss«, pflichtete der Tischler bei. »Dabei wäre es eine große Freude, die überheblichen Frankfurter zu übertreffen«, sprach der Böttcher. »Soll ich vielleicht an seiner statt am hiesigen Ende ziehen?«, warf der Schenk im Spaße gesprochen in die Runde. Die anderen sahen ihn an, nickten und hießen diesen Vorschlag eine gute Idee.

So machten sie es unter sich aus. Dem Narren schenkten sie munter voll ein und trugen immer neue Speisen auf. Je um je trübten sich dessen Sinne und wie es ihm allmählich genug

wurde, bot ihn der Schenk in seinem Hause ein weiches Bett und hieß sein Weib, dafür Sorge zu tragen, dass der bunte Vogel nicht vor der nächsten Mittagsstunde das Zimmer verlasse. Dass das Weib es mit der Sorgfalt sehr genau nahm, die Nacht in besagter Kammer verbrachte und mit großer Freude die Dankbarkeit eines liebesdurstigen Mannes in Empfang nehmen durfte, all das war dem Krüger einerlei.

Anderntags drängte Till Eulenspiegel aber, die Herberge vor der Mittagsstunde zu verlassen. Die Wirtin und er waren in der Nacht über Stunden einander so inniglich zugetan gewesen, dass das Weib tief, fest und über alle Maßen zufrieden schlief. Till Eulenspiegel stahl sich noch einen Kuss von der Frau, ein Brot und ein Stück Käse aus der Küche und sich selbst durch die Rückpforte davon. Rasch eilte er nach einer Stelle, die ihm einen guten Blick auf die Oderbrücke und das gespannte Tau bot. Hüben wie drüben riefen die Leute ihrem Recken Mut zu. Sie gaben sich beide nichts und so ruckte das Tau mal in diese, mal in die andere Richtung, doch keinem gelang es, den anderen über den Fluss zu ziehen. Es dämmerte, als Till Eulenspiegel weiterzog, hatte er doch für die nächste Nacht noch kein Dach über dem Kopf.

Wie Till Eulenspiegel einmal dem Kurfürsten half, bei Freienwalde die Mecklenburger zu vertreiben

Auf dem Schlossberg in Bad Freienwalde stehen heute noch die Überreste eines Schlosses. Das findet, wer denn lesen kann, in einem alten Sagenbuch. Dieses Schloss kündet von einem Ritter, den zu loben jedem Brandenburger zur Ehre gereichen müsste. Vor Zeiten lag der Kurfürst und Markgraf mit den Herzögen von Mecklenburg in Fehde. Auf der Sonneburger Heide tobte die blutige Schlacht. Mehr und mehr wankten die Brandenburger, so mächtig waren die Angreifer. Was der Kurfürst aufbieten konnte, hatte aber entweder die Waffen gestreckt oder lag entseelt auf dem Felde.

Von Ferne besahen sich Till Eulenspiegel und einige Knechte das blutige Treiben. »Das nimmt kein gutes Ende«, sprach der Schelm. »Wenn doch nur unser Herr von Uchtenhagen endlich dazwischenginge«, erwiderte ein Knecht. Eulenspiegel hatte wohl schon von den Taten dieses Herrn erfahren, doch was nützte dies, wenn er nicht erschien, um seinem Fürsten beizustehen. »Ach«, sagte ein anderer, »unser Herr wird wohl noch im Bette liegen und seinen Rausch ausschlafen.«

Der Hof des Uchtenhagens war nicht weit und so hieß Till Eulenspiegel die Knechte, mit ihm dorthinzueilen, um den Hofherrn zu wecken und einen Haufen zu rüsten, der sich gegen die Feinde warf. Derweil die Knechte den Uchtenhagen aus Morpheus Armen holten und die Pferde sattelten, machte Bruder Listig die Rüstungen zurecht. Mit Lehm und Ruß strich er die Helme und Harnische ein, gleiches tat er mit dem Sattel- und Zaumzeug der Tiere. Schimmel verwandelte er kurzerhand in einen Rappen. Wenn nicht viel vorhanden ist, muss man mehr

daraus machen und hoffen, dass sich andere vom Schein trügen lassen.

Doch wie der Hofherr und seine Knappen, die ein Pferd zu reiten und ein Schwert zu führen verstanden, die Rösser bestiegen hatten und verzagt nach dem Schlachtfelde ziehen wollten, taten Bruder Listig und die Knechte den Reitern noch Ungeziefer in die Rüstungen. Nun war es auch schon dazumal nicht leicht, eine Handvoll Wespen unter einen Helm zu bekommen. Aber Eulenspiegel wäre doch nicht er selbst, hätte er dies nicht erreicht.

Mit mörderischem Gebrüll stob der eisenbewährte Haufen vom Hof. Zeter und Mordio schrien die Männer ob der Stiche und Bisse, die ihnen das Ungeziefer beibrachte. Doch die wilde

Jagd ging so schnell dahin, dass ihnen weder Zeit zur Besinnung noch Gelegenheit zum Kratzen blieb. Des Glückes Geschick und der Mut der Pferde führten den Trupp ohne Umweg zum Schlachtfelde. Wie nun dieser brüllende, um sich schlagende und mit Schwertern fuchtelnde Haufen schwarzer Reiter auf schwarzen Streitrössern den Mecklenburgern entgegengerannt kam, gleich einer Woge aus der Hölle, wagte es niemand, sich mit diesen Kerlen aus der Finsternis zu messen. »Der Kurfürst ist mit dem Teufel im Bunde«, rief einer. Die Herzöge und ihre Schergen suchten ihr Heil in wilder Flucht. Und so ward der Kampf entschieden, ohne dass ein weiterer Blutstropfen vergossen wurde.

Rasch waren Till Eulenspiegel und die Knechte heran, den Herrn von Uchtenhagen und seine Knappen vom Eisenkleid und dem stechenden und beißenden Getier zu befreien. Erst wollten die Kempen ihre Wut über den Narren ergießen, doch da trat der Kurfürst dazu, verneigte sich vor den kühnen Kerlen im schwarzen Gewand und sprach Lob und Anerkennung aus. Fürderhin sagte der Herr aller Brandenburger: »Als Zeichen meines Dankes soll, was du mit deinem Rappen vom Aufgang bis zum Niedergang der Sonne umreiten kannst, dein eigen sein.« Mit diesen Worten schlug der Kurfürst den Tapferen zum Ritter.

Wie Ritter von Uchtenhagen anderntags sein Ross bestieg, um sein Land zu mehren, hieß er seine Knechte dafür zu sorgen, dass Till Eulenspiegel nicht in der Nähe war, um ihm neuerlich Ungeziefer unterzuschieben. Noch im selben Jahr baute sich der Ritter auf dem Freienwalder Schlossberg eine stolze Burg. Dass sein Geschlecht nicht lange währte und der letzte derer von Uchtenhagen, der Enkel des schwarzen Ritters, an einer vergifteten Birne starb, das haben weder der Kurfürst gewollt, noch Till Eulenspiegel zu verhindern gewusst. Aber dass der Ritter daran zugrunde ging, das steht auch im Sagenbuch.

Wie Till Eulenspiegel in Fürstenwalde nichts versprach und alles bekam

Hart am Fürstenwalder Dom kehrte Till Eulenspiegel vor Zeiten in den Krug ein. Er hatte kaum die Schwelle überschritten, da trat ein grimmiger und grober Klotz an ihn heran und sprach: »So wie du aussiehst, gehörst du nicht hierher.« Eulenspiegel besah sich den Kerl von oben bis unten und fragte: »Wie sehe ich denn aus?« Der Bursche erwiderte: »Mir scheint, du bist ein Hungerleider, der sich aufs Betteln versteht, und so siehst du aus.« Tatsächlich war Till Eulenspiegels Gewand ziemlich zerschlissen. Dreckkrusten hingen daran, Löcher kündeten von Wegen durch Dornengestrüpp, Ellenbogen und Knie waren durchgescheuert. Also sprach Bruder Listig: »Und mir scheint, vor mir steht der Wirt dieser Schenke, der ein waches Auge hat und dem niemand etwas vormachen kann.« Da huschte dem Angesprochenen doch glatt ein Grinsen über das Antlitz: »Du bist kein Dummer, fürwahr.« Eulenspiegel hieß den Krüger mit einer heimlichen Handbewegung, beiseite zu treten und ihm ein Ohr zu schenken. Er griff in seinen Sack, holte einen prallen Beutel hervor und sprach leise zum Wirt: »Und wie nennt Ihr einen, der einen Beutel voller goldener Taler bei sich trägt?« Der Schenk riss die Augen weit auf vor Erstaunen. Dann tat er einen Schritt zur Seite, wies Eulenspiegel den Weg in den Krug hinein und sprach: »So einen nenne ich einen guten Gast, dem es an nichts mangeln soll.«

Eulenspiegel saß kaum, da trug eine Maid gutes Brot und einen Krug Bier auf. Beherzt griff er zu, aß und trank. Doch schon bald kehrte die Maid zurück und stellte Schüsseln mit Fleisch auf den Tisch. Darin fand Eulenspiegel feines Huhn, bestes Schwein und zartes Rind. Nun, so ausgezehrt wie er war, überlegte er nicht lang und leerte eine Schüssel nach der anderen. Der Krug war ausgetrunken, da stellte der Wirt den nächsten hin und sprach leise, auf dass es nur Eulenspiegel hörte: »Dieses Bier ist ein besonderes gutes, es kommt von den Mönchen aus Neuzelle. Das schenke ich nur besonderen Gästen aus.« Till Eulenspiegel kostete, und tatsächlich, der Wirt hatte wahr gesprochen. Selten hatte er ein solch feines Bier genossen.

Wie er alle Schüsseln und Krüge geleert und seinen Hunger und Durst gestillt, sprang der Wirt herbei. Eulenspiegel möge ihm nach oben zu den Fremdenzimmern folgen und sich eines auswählen. Hernach habe er ihm im Hof ein heißes Bad bereitet, das ihm nach der beschwerlichen Reise gewiss eine Freude sei. Huldvoll neigte Bruder Listig das Haupt und sprach: »Ihr versteht es trefflich, einen guten Gast zu versorgen.« Das Bad tat dem Narren über alle Maßen wohl, gewiss auch, weil die Maid, die ihn eben in der Schenke bedient hatte, nun mit Seife einrieb und solchermaßen allen Schmutz von Eulenspiegels Leib holte.

Wie er das Zimmer betrat, in dem ihm das Bett bereitet war, fand Till Eulenspiegel von seinen Sachen nur den Sack. Von seinen Kleidern war keines mehr dort, dafür lagen auf einem Schemel ein Hemd, Beinkleider und ein Umhang. Ein paar Schuhe standen daneben, feine, wie er sie noch nie getragen hatte. Eulenspiegel tat sich das Hemd an und legte sich. Die Maid schaute herein und fragte, ob der gute Gast noch einen Wunsch habe. Für gewöhnlich verstand Till Eulenspiegel solche Angebote mit offenen Armen in Empfang zu nehmen. Nun aber, wo er satt und sauber wie selten war, wollte er nur noch die Augen zutun, schlafen und nicht an den nächsten Tag denken.

Lang und gut schlief Till Eulenspiegel, und wie er die Augen wieder auftat, stand die Sonne schon hoch am Himmel. Wie erstaunt war er, als er neben den neuen Sachen sein altes Gewand entdeckte, ordentlich gewaschen und von kundiger Hand geflickt, dass es wie neu wirkte. Er zog es an und verstaute die andere Kleidung seinem Sack. Im Schankraum erwartete ihn der Wirt bereits mit feiner Speise. »Ihr seid ein guter Gastgeber«, lobte Eulenspiegel und ließ sich das Essen munden. Brot, Käse,

Wurst und frische Milch hatte der Wirt aufgetragen. Bruder Listig ließ keinen Krümel, keinen Zipfel, keinen Tropfen zurück.

Gestärkt erhob er sich und sprach: »Verehrtester Mundschenk, Ihr habt mich verwöhnt und so werde ich nicht scheiden, ohne es Euch zu vergelten.« Bruder Listig griff in seinen Sack hinein, der Wirt blickte mit höchster Erwartung. Doch wie erstarrte seine Miene, als Eulenspiegel ein kleines Beutelchen herauszog, es öffnete und den spärlichen Inhalt auf den Tisch fallen ließ. Drei kümmerliche Münzen lagen da und Eulenspiegel sprach: »Ihr gabt alles, um mich zu erfreuen, also gebe ich Euch alles, was ich habe, mag es noch so bescheiden sein.« Irritiert schaute Schenk auf: »Das ist doch nur ein Spaß.« Till Eulenspiegel schüttelte den Kopf. Der Wirt setzte nach: »Aber was ist mit dem Beutel voller Goldtaler, den Ihr mir gestern zeigtet?« Da griff Eulenspiegel wieder in den Sack und holte besagten Beutel hervor. »Hier habe ich einen Beutel voller Steine. Dass ich Goldtaler besitze, habe ich nie behauptet.« Da wurde es dem Krüger zu viel. Er nahm Eulenspiegels Sack, kehrte diesen von innen nach außen, doch von Goldtalern war nichts darinnen.

Der Krüger rief die Stadtknechte und ließ Till Eulenspiegel gefänglich einziehen. Bruder Listig hatte sich eben darauf eingestellt, einige Zeit im Kerker zu sitzen, da machte man ihm den Prozess. Eulenspiegel ward vor den Schulzen geführt. Der fragte ihn nach dem Woher, Wohin und Weshalb und er sich zum Vorwurf der Zechprellerei stelle. »Nun«, hob der Narr an, »was kann ich dafür, wenn mich der Wirt mit solcher Gastfreundlichkeit überschüttet? Nichts habe ich bestellt, alles brachte man mir ungefragt. So dachte ich, der Schenk meine es gut mit einem armen Wandergesell.« Der Schulze setzte nach: »Ihr haltet Euch wohl für besonders schlau und meint nun, ungeschoren davon zu kommen. Wo Ihr doch genau wisst, dass es nichts im Leben umsonst gibt.« Da winkte Till Eulenspiegel ab: »Viele Menschen tun Dinge, um Gott zu gefallen. Weiß ich, ob der Krüger nicht schwer gesündigt hat und nun hoffte, den

Herrn milde zu stimmen, indem er einem Hungerleider wie mir Gutes tut.« Da sprang der Schenk auf und rief empört: »Woher weiß der Fremde, was ich getan habe?« Eulenspiegel schaute betrübt drein und sprach: »Da hört Ihr es, Euer Gnaden, der Wirt hat etwas, dass er wiedergutmachen muss. Wollt Ihr auch wissen, was es ist?«

Unruhe machte sich breit im Saale. Dem Krüger trat der Schweiß auf die Stirn. Eben wollte der Schulze antworten, da fuhr der Wirt dazwischen: »Gebt mir einen Augenblick, um mit dem Fremden zu reden.« Der Schulze gewährte es, doch aus den Reihen der Leute, die die Verhandlung verfolgten, hörte man Unmut. »Der Narr soll reden«, rief einer. »Alles sollen hören, was der Schenk auf dem Kerbholz hat«, rief ein anderer. »Es ist an der Zeit, dass die Untaten des Wirtes an das Tageslicht kommen«, kam es aus einer Ecke. Wie ein getriebener Rehbock blickte der Schenk ängstlich um sich.

Schließlich flüsterte er Till Eulenspiegel ins Ohr: »Wenn ich dir Schuld erlasse und dir obendrein einen Beutel voller Taler gebe, hältst du dann dein Maul und verschwindest sofort aus der Stadt?« Bruder Listig erwiderte: »Frag erst den Schulzen, aber sei so klug, auch ihm einen Beutel anzubieten.« Was dieser gehorsam tat. Ehe es sich die Leute versahen, verkündete der Schulze, dass der Wirt die Klage fallen lasse und der Narr frei sei. Man kann sich vorstellen, wie wütend die Leute ob des jähen Endes dieser Sitzung waren.

Der Krüger achtete nun sorgsam darauf, dass Till Eulenspiegel keine Gelegenheit bekam, sein Wort zu brechen und den drängenden, wissbegierigen Leuten doch etwas zu verraten. Er hieß den Narren, mit ihm auf einen Karren zu steigen. Bis nach Frankfurt an die Oder wollte er ihn fahren und dort laufen lassen. Till Eulenspiegel erbat sich noch Wegzehrung, prüfte, ob der Geldbeutel den versprochenen Inhalt barg, und ließ hernach geschehen, wie es sich der Krüger gedacht hatte.

Sie hatten in Frankfurt kaum das Stadttor passiert, da sprang Eulenspiegel behend vom Wagen, wünschte dem Wirt die Tageszeit und wollte eben verschwinden, da bat dieser kurz um

Auskunft. »Was hättest du dem Schulzen von mir berichtet?« Bruder Listig lachte nun über das ganze Gesicht: »Ich fragte ihn, ob er wissen möchte, was Ihr, guter Schenk, wiedergutzumachen habt. Hätte der Schulze nun gesagt, das wüsste er gern, hätte ich nur erwidern können: Ich auch.« Ehe der Wirt begriff, dass ihn Eulenspiegel ein zweites Mal genarrt hatte, war der Schelm hinter der nächsten Ecke verschwunden.

Wie Till Eulenspiegel ein Mittel gegen Flöhe erfand

Vor Zeiten war Till Eulenspiegels Geldkatze so leer, dass der Staub herinnen vor Einsamkeit laut heulen mochte. Nun brauchte der Narr aber etwas Geld, wollte er nicht des Hungers sterben oder verdursten. So nahm er sich einen Brocken Kalk, zerrieb diesen zu feinstem Pulver und bot dies in kleinen Mengen feil.

In Genshagen war Markt, als Till Eulenspiegel mit seiner Ware vorbeikam. Er stellte sich auf ein Fass und rief laut sein Pulver als wundersames Mittel gegen Flöhe aus. Die Leute kamen herbei, besahen sich den bunten Fremdling und weil ihnen das Pulver nützlich und der Preis günstig erschienen, kauften sie es gern. Gleichwohl besah es sich niemand so genau und fragte keiner, wie man das Pulver gegen Flöhe anzuwenden pflegte.

Bruder Listig hatte beinahe alles verkauft, da trat ein Müller aus dem Nachbardorfe Löwenbruch heran, erwarb das Pulver und fragte nach dem rechten Gebrauch. Till Eulenspiegel erklärte: »Wenn Euch ein Floh beißt, so packt diesen schnell an seinem Leib und kitzelt ihn. Nun muss der Floh lachen, derfür reißt er das Maul weit auf und Ihr müsst ihm das Pulver in den Rachen schütten. Drückt kräftig nach, das überlebt der Floh nicht lang.«

Der Müller war erstaunt ob solcher Erklärung. »Ja aber«, erwiderte er, »wenn ich den Floh doch schon gefasst habe, so kann ich ihn doch gleich zerdrücken.« Als Meister des letzten Wortes setzte Bruder Listig nach: »Gewiss doch, so geht es auch.« Was soll er dann mit dem Pulver anfangen, fragte der Müller. Till Eulenspiegel wusste auch dazu Rat: »Das könnt Ihr an die Leute weiterverkaufen, die es nicht kümmert, wie man es zu verwenden pflegt.«

Wie Till Eulenspiegel in Glienicke doch noch zu essen bekam

Einmal kehrte Till Eulenspiegel am späten Abend in Glienicke in einen Krug ein. Das Gewand war zerrissen und dreckig. Bruder Listig glich einem zerlumpten Spießgesellen, wie er da in die Schenke trat. Das Weib des Krügers erschrak ob dieses Anblicks, fragte gleichwohl nach dem Begehr des unheimlichen Fremden. »Gebt mir zu essen und zu trinken, ich sterbe vor Hunger«, erwiderte Till Eulenspiegel und stierte das Weib an, ohne eine Miene zu verziehen.

Oh wie gern hätte die Krügerin ihr Ehegesponst gerufen, doch der Gatte war fern. Kein Knecht, kein anderer Gast war in der Stube. Sie war allein mit einem unheimlichen Gesellen, der nichts tat, als sie reglos anzustarren. Indes: So zerrissen wie der war, habe er weder Taschen noch Geld darinnen, dachte sich das Weib. Seine Zeche werde dieser Gesell gewiss nicht zahlen, meinte sie und sprach: »Seht, die Küche ist geschlossen, so kann ich Euch nicht dienen.« Eulenspiegel, dessen Antlitz voller Dreck war, setzte bloß nach: »Seid Ihr Euch dessen sicher?« Dem Weib lief es bald heiß, bald kalt den Rücken herunter. »Gewiss doch, gewiss«, stammelte es.

Der Schlamm am Gewande des Narren ward trocken, so konnte Eulenspiegel seine Glieder kaum noch regen und ward wie steif. Ungerührt blickte er zur Wirtsfrau und sprach: »Wenn dem so ist, dann muss ich wohl tun, was mein Vater tat, wenn er in solche Verlegenheit kam.« Das klang dem Weib recht düster und es sprach: »Was tat Euer Vater in solcher Lage?« Eulenspiegel erwiderte mit dunkler Stimme: »Mein Vater tat, was er tun musste.« Dabei bewegte Eulenspiegel die Finger. Der Schmutz knirschte.

Wie bang wurde es da dem Weibe. Was auch immer der Vater des Finsteren tat, der Krügerin schwante Schlimmes. Wenn der nun ein Räuber, ein Beutelschneider oder gar ein Mörder war? »Einen Augenblick«, rief sie und eilte in die Küche. Sie ließ die Töpfe und Pfannen fliegen und hatte im Handumdrehen Schüsseln und Schalen mit feiner Speis gefüllt. Da roch es nach Huhn, gebratenem Fisch und bestem Brot. Dazu stellte sie einen Krug schweren roten Weines und hieß den dunklen Gast, sich zu setzen und von Herzen zuzulangen. Und sie sprach: »Wenn Ihr nur zufrieden seid, so ist es mir Lohn genug.«

Das ließ sich der ausgehungerte Eulenspiegel nicht zwei Mal sagen. Wie ein Wolf fiel er über die Schüsseln und Schalen her, goss den Wein gleich aus dem Kruge in seinen gierigen Schlund, und fraß und fraß und fraß. Das Weib hatte schon manchen Wüterich in der Schankstube erlebt, doch keiner war einem wilden Tiere ähnlicher als dieser. Wie nun Eulenspiegel alle Gefäße geleert hatte, erhob er sich, schlug sich mit beiden schmutzigen Händen auf das dreckige Wams, dass es nur so staubte und sprach: »Ihr habt wohl getan, das war das wunderbarste Mahl, das ich seit ewigen Zeiten zwischen die Zähne bekommen habe. So sei Euch mein Lob gewiss.«

Sprach's, kehrte sich um und wollte eben den Krug verlassen, da konnte das Weib nicht an sich halten und fragte den Unheimlichen: »Sagt mir noch: Was hätte Euer Vater getan?« Till Eulenspiegel wandte sich um und erwiderte: »Oh ja, mein Vater, mein lieber, guter Vater Klaus.« Ein seliges Leuchten huschte über die Augen des verdreckten Gesichtes. »Immer wenn mein Vater nichts zu essen und zu trinken bekommen hat – ist er hungrig zu Bett gegangen.«

Wie sich Till Eulenspiegel einmal bei dem geizigen Pfarrer von Heynekendorp bedankte

Damals, als Wahres noch wahr war, stand nahe der Havel ein kleines Gotteshaus. Es war dies die Kirche von Heynekendorp. Es gab nicht viele Leute dort und so mancher ward noch mit dem Glauben der wendischen Vorväter verhaftet. Kaum dass ein paar brave Christen die Kirche errichtet hatten, kehrten dort oft und gern die Fahrensleute ein und erbaten ihren Segen für den unsicheren Weg durch die tiefen Wälder. Man hieß die Fremden stets herzlich willkommen, was die Gäste mit so manchem Taler im Krug dicht bei der Kirche gern belohnten. So ward das Heynekendorper Kirchlein bald eines der schönsten seiner Art weit und breit. Doch es schien nicht immer nur das helle Licht über den Ort und seine Kirche. Rohe Sitten kamen auf und bemächtigten sich der Menschen. Ein jeder neidete dem anderen das seinige. Kälte zog ein in Heynekendorp und seine Kirchengemeinde. Manche meinten, dies gehe nicht mit rechten Dingen zu. Andere schworen, sie hätten Schwefel gerochen. So nahm es nicht Wunder, dass bald keiner mehr zu Gast in Wendgräben und seiner Kirche sein wollte. Fürchteten sie doch, die Hartherzigkeit, der Geiz und die Verschlagenheit der Heynekendorper seien so ansteckend wie der schwarze Tod.

Die einst so schmucke Kirche verfiel. Kein Wanderer legte mehr etwas in den Opferstock und die Menschen im Ort waren so zerfressen von Geiz, dass sie jede noch so kleine Münze eher für sich behielten, als sie dem Herrn und seinem Haus zu gönnen. Nun geschah es, dass ein hoher Kirchenmann, womöglich gar der Brandenburger Bischof, auf seinem Weg durch das Land eine Rast voller Besinnung eben in dieser Kirche einlegen wollte. Oh, wie erschrak der hohe Gast. Diese Kirche sei kein Lob Gottes am Wegesrand, es sei eine Schande, schimpfte er den Pfarrer. So und so sei das, erklärte der Geistliche des Dorfes. Kühn behauptete er, die Reisenden seien nicht mehr gottesfürchtig und die armen Heynekendorper Kossäten und Fischer seien allemal zu arm, um das Haus des Herrn würdig zu erhalten. Da hatte der Kirchenmann Mitleid und er gab dem Pfarrer einen großen Batzen Geld. Damit möge er der Kirche wieder ein schönes Antlitz geben. Sprach's und ritt davon.

Nun geschah es, dass bald danach Till Eulenspiegel des Weges kam und im Heynekendorper Krug schaute, wie er wohl zu Speis und Trank komme, ohne gleich seinen letzten Heller zu versetzen. Da fügte es sich, dass der Pfarrer den Schankraum betrat und kundtat, was ihn der Bischof, wenn er es denn war, geheißen habe. Nun brauche man nur noch einen Maler. Nichts leichter als das, dachte sich Eulenspiegel und trat vor. Er habe schon der hohen Herrschaft im Hessischen die Burg bemalt, da werde er wohl mit einem Kirchlein fertig.

Der Pfarrer besah sich den Fremden, fand Gefallen und ward mit ihm einig. Besonders Acht möge er auf das Bildnis des Gekreuzigten geben, sprach der Pfarrer. Der gebotene Lohn aber war so dürftig, dass Till Eulenspiegel zum Heulen zumute ward. Aber die Not ließ ihm keine Wahl. Gewiss, mit des Bischofs Geld hätte der Pfarrer den Maler ordentlich entlohnen können. Doch der trug die Taler lieber zum Krug und geizte, wo er nur konnte. Damit Till Eulenspiegel aber trotz des dürftigen Betrages den Auftrag übernahm, sicherten ihm die Heynekendorper freie Kost und Logis zu. Besser wenig als nichts, sagte der Schelm bei sich, schlug ein und machte sich an die Arbeit.

Es wurde Mittag, da legte er den Pinsel ab und ging in den Krug zum versprochenen Mittagsmahl. Man trug ihm eine Zwiebelsuppe auf und einen Teller Bohnen, gewürzt mit Zwiebeln, sonst nichts. Till Eulenspiegel murrte zwar, doch wie er merkte, dass er damit nichts erreichte, trieb der Hunger das karge Mahl in den Leib des Narren. Eulenspiegel kehrte nach dem Essen an die Arbeit zurück und fand sich am Abend zum

Mahl wieder im Krug ein. Nun stellte man ihm eine Speise aus Rüben auf den Tisch, wieder mit Zwiebeln gewürzt. So ging das an den nächsten Tagen immer fort. Es gab nichts anderes als die einfachsten Speisen, die sehr stark mit Zwiebel gewürzt waren.

So vergingen die Tage und Till Eulenspiegel hielt sich brav an sein Wort und schwieg zur der immer gleichen kargen Speise, die man ihm reichte. Warum er den Geizhälsen keine Nase drehte, wie er es sonst zu tun pflegte, das hat er wohl selbst nie verstanden. Gleichwohl merkte er bald, dass ihm die Speisen nicht so recht bekamen. Sein Bauch drückte ihn, sein Gedärm plagte ihn. Nun kam der Tag, da war Eulenspiegel fertig. Die Kirche hatte frische Farben bekommen und auch dem Gekreuzigten fehlte es nicht mehr an Kontur. Doch wie erschrak der Pfarrer, als er nach so vielen Tagen das Gotteshaus das erste Mal wieder betrat. Das hohe Haus war voller Gestank, dass es dem frommen Mann den Atem verschlug. Entsetzt sah er Eulenspiegel an und fragte nach der Quelle dieses infernalischen Geruchs. »Verzeiht«, sprach der Schelm, »aber die Zwiebeln, die mir eure Leute tagaus, tagein servierten, die fordern ihren Tribut. Ich vermag die Düfte und Töne nicht an mir zu halten.« Wie er dies so sprach, entfuhr es ihm mit donnerndem Getöse. Dem Pfarrer schwanden bald die Sinne. Mit letzter Kraft warf er sich ins Freie, frohlockend, frische Luft zu schmecken. Er gab Till Eulenspiegel den versprochenen Lohn und hieß ihn, seiner Wege zu gehen und dies schleunigst.

Mit einem feuchten Tuch vor Nase und Mund trat der Pfarrer in die Kirche zurück und riss alle Öffnungen, die es gab, weit auf. Doch waren seine Mühen umsonst. Der Geruch ward wie von den Steinen und Balken aufgesogen, nicht einmal Weihrauch vermochte ihn zu unterdrücken. Die Heynekendorper mieden die Kirche ebenso wie die Fremden. In ihrem Erschrecken ob des Gestanks rief einmal ein Weib: »Die Pforte zur Hölle findet sich hier in der Kirche und man riecht, dass sie nicht richtig schließt.« Wie die Kirche verfiel, gab es keine Klagen.

Wie Till Eulenspiegel einer alten Jungfer in Hohen Neuendorf den Lebensabend versüßte

Wie Till Eulenspiegel nach Neuendorf kam, das man späterhin Hohen Neuendorf nennen sollte, hörte er vom Leid eines alten Weibes. Bald werde der Schnitter an die Türe der Alten klopfen und sie habe den Mann nicht wiedergesehen, der sich ihr versprochen und auf den sie so viele Jahre gewartet hatte. Als die Liebe entflammt war, war die Alte eine junge Maid gewesen und hatte noch im Hause der Eltern gelebt. Der Jüngling, der ihr über alle Maßen gefiel, teilte mit dem Mädchen die große Liebe zu den Blumen. Wann immer sie sich trafen, erfreuten sie einander mit Blumen, die sie in Gottes freier Natur gepflückt und zu schönen Sträußen gebunden hatten. Der junge Bursche war als Knecht in Stellung und hatte schon fleißig gespart. Vielleicht zwei Ernten noch, so meinte er, dann habe er genug Geld beisammen und könne seiner Liebsten ein gutes Heim bereiten.

Das erste Jahr war vorüber und die Liebe brannte heller denn je. Die zweite Ernte war gerade angebrochen, da musste der Bursche fort in irgendeinen Krieg. Bitterlich weinte die Maid. Er aber tröstete die Liebste und versprach, vorsichtig zu sein und bald wieder heimzukehren. Sie möge auf ihn warten. Das werde sie, sagte sie. Und so kam es, dass sie sich einander versprachen und einen Bund schlossen, der für sie so ewig war wie das heilige Sakrament der Ehe.

Doch der Bursche kehrte nicht zurück. Sommer um Sommer verging, doch das Mädchen verzagte nicht. Bald kamen andere Burschen, und schon damals war Neuendorf gut bestückt mit prächtigen Kerlen, und warben um die hübsche Maid. Zum Kummer der Eltern lehnte das Mädchen jeden ab. Weder im-

posantes Gebaren noch Ruhm oder Wohlstand konnten das Mädchen locken. Erst als die Eltern auf ihr Kind eindrangen, offenbarte es, dass es sich versprochen hatte. Allein wem, das verriet es niemandem.

Die Maid fand ihren Weg, mit dem Liebsten heimliche Zwiesprache zu halten. Es holte immer aufs Neue frische Blumen und schmückte mit ihnen den Altar in der Kirche. Als der Pfarrer einmal die Holde darauf ansprach, sagte sie, dass es für ihn sei, für ihn allein. Damals dachte der Pfarrer, das hübsche Mädchen meine Gottes Sohn, den es mit den schönen Blumen ehren wolle. Und so meinten es die Leute im Dorf auch lange Zeit.

Aus dem jungen Mädchen wurde eine hübsche Frau. Hier und da hielt ein Mann um ihre Hand an, doch sie wies weiter jeden ab. Nun wurde sie über das Warten keineswegs verbittert. Sie blieb freundlich und fröhlich, half wo sie kann, und als ihre Eltern den Hof nicht mehr bestellen konnten, nahm sie sich einen Knecht und eine Magd und ernährte die kleine Schar recht gut. Doch immer achtete sie darauf, dass frische Blumen auf dem Altar stand. Jahre vergingen und nichts änderte sich am Lebenswandel der Frau.

Als es an ihr war, sich auf das Altenteil zurückzuziehen, übergab sie den Hof ihrem Knecht und der Magd, die ihr versprachen, sie zu versorgen. Wie es mit ihr zu Ende ging, nahm sie den Pfarrer beiseite und offenbarte, sie wünsche sich nichts sehnlicher, als zu wissen, dass es ihrem Liebsten gut gehe. Gewiss hätte der Geistliche gern geholfen, aber wie? Allein, ihr zu sagen, der Liebste sei gewiss weiland im Krieg geblieben, das getraue er sich nicht, berichtete er braven Gemeindegliedern, die er um Rat bat. So erfuhr auch Till Eulenspiegel davon. Mit der wahrscheinlichen Wahrheit wolle er der siechen Alten auf ihren letzten Lebensmetern keinen Schmerz bereiten, meinte der Pfarrer. Immer habe sie den Menschen Freude bereitet, immer Gottes Haus so wunderbar geschmückt, da wolle er ihr die letzten Schritte im Diesseits nicht vergällen. Die Umstehenden aber wussten nur zu raten, der Pfarrer möge der Alten stets berichten, dass er nach dem Liebsten suche und recht hoffnungsvoll sei. Solchen Schwindel verzeihe Gott gewiss.

Ach, dachte Till Eulenspiegel bei sich: Was seid ihr doch einfallslos. Er zog durch Feld und Flur und sammelte die schönsten Blumen ein. Diese band er zu einem prächtigen Strauß. Als die Alte schlief, trat Eulenspiegel in ihre Kammer und stellte den Strauß neben das Bett. Wie das Weib erwachte, staunte es über das Gebinde. Und es sprach: »Danke für die wunderschönen Blumen, mein Liebster.« Sie blickte aus dem Fenster heraus in den Morgenhimmel: »Nun weiß ich, wo Du bist und auf mich wartest. Und wenn die letzte Blume dieses Straußes verblüht ist, komme ich zu Dir.«

Wie Till Eulenspiegel einmal half, in Horno ein Erbe gerecht zu verteilen

Vor Zeiten lebte im Dorfe Horno in der Lausitz ein Bauer, der hatte mit seiner Familie seine liebe Not. Drei Söhne hatte er, die lagen sich ständig in den Haaren. Der Älteste wusste immer alles besser, der Mittlere schlug bei jeder Gelegenheit eine harte Faust und der Jüngste tat vor anderen Leute schön, reizte aber seine Brüder, wo und wie er nur konnte. Über diesen Zwist starb die Bäuerin an Gram.

Nun ahnte auch der Bauer, dass der Schnitter bald mit dem Sensenstil an die Pforte schlagen und ihn mitnehmen würde. So sann er nach, was mit dem Erbe geschehen solle. Eines Abends, er fühlte sein Ende war nah, legte er sich darnieder und bestellte die Söhne ein und sprach: »So hört, wie ich euch meine Habe zugedenke. 17 Schweine hat meine Herde. Davon bekommt der Älteste die Hälfte, der Mittlere ein Drittel und der Jüngste ein Neuntel. Nur wenn ihr euch zusammenrauft und gemeinsam meinen letzten Willen erfüllt, soll euch das Erbe nicht verderben. Aber tut keinem der Tiere etwas zu leide, solange sie nicht euch gehören.« Am anderen Morgen war der Bauer gestorben.

Der Älteste ging gleich in den Stall und wollte seinen Teil der Schweineherde herausführen. Doch wie er auch rechnete, die Lösung nach dem Willen des Vaters fand er nicht. Er sprach zum Mittleren: »Es gelingt mir nicht, Versuche du es.«

Dieser Bruder war kein heller Kopf, er war ein Mann der Tat. »Teil die Herde, wie es Vater forderte. Was übrig, schlachten wir und jeder bekommt Wurst und Schinken davon.« Doch der Älteste schüttelte den Kopf: »Du hast gehört, was unser Vater sprach. Wir dürfen keinem Schwein etwas zuleide tun, ehe es nicht einem von uns zugewiesen ist. Also dürfen wir sie

erst schlachten, wenn die Verteilung vollzogen ist.« Da trat der Jüngste hervor und sagte: »So lasst es mich versuchen. Gebt mir bis Morgen Zeit, eine Lösung zu finden.« Die größeren Brüder staunten über diese recht kecken Worte, wussten aber nichts Klügeres zu erwidern.

Hernach tat es dem Jüngsten leid, wusste er sich doch selbst keinen Rat, wie er die Sache auch wand. So trat er in die Schenke, um sich mit anderen zu besprechen. Die Worte wogten hin und her, doch keiner kam über die Vorschläge hinaus, die schon die größeren Brüder genannt hatten. Wie nun alle vermeintlichen Freunde den Jüngling ratlos verlassen hatten, trat aus einer Ecke der Schenke ein seltsamer Fremder heran, bunt gewandet und seltsam anzusehen. Es war dies Till Eulenspiegel, der gespannt gelauscht hatte.

Solche Nüsse zu knacken, bereitete Bruder Listig stets eine große Freude. Also ließ er sich von dem Bauernsohn zu einem Krug besten Bieres und einem Teller feiner Speise einladen und riet ihm, was zu tun sei.

Am nächsten Morgen ging der Jüngste nun zum Hofe seines Oheims am anderen Ende des Dorfes. Diesen bat er um eine Sau und versicherte: Beizeiten wolle er ihm diese Hilfe vergelten und dies sei schon bald. Der Onkel wunderte sich zwar, gewährte aber die Bitte. So kehrte der Jüngste mit dem Schwein auf den elterlichen Hof zurück und trieb es zu den anderen Tieren. Die Brüder wunderten sich sehr.

Doch wie staunten sie, als der Jüngste zu zählen begann und aufteilte: Von dieser Herde bekam der Älteste die Hälfte, das waren neun Schweine. Dem Mittleren stand ein Drittel zu, das waren sechs. Und ihm, dem Jüngsten, hatte der Vater ein Neuntel zugestanden, das waren zwei. »Das sind zusammen 17 Tiere«, sagte der Jüngste, »da bleibt eines übrig, und das bringe ich rasch zum Oheim zurück.«

Wie Till Eulenspiegel in Kleinmachnow einmal den Markgrafen überlistete

Nahe der Hakeburg gab es vor Zeiten ein weites Feld, das war fruchtbar ohnegleichen. Wie der Markgraf einfache Leute aus dem Land nach dem Abend zu sich rief, damit sie in den Marken siedelten, da gab er ihnen auch diesen kostbaren Boden, um ihn zu bestellen. Nun meinten die Bauern, der Boden gehöre ihnen so verständlich wie das Land, auf dem ihre bescheidenen Hütten standen. Das zog auch niemand in Zweifel, also wirtschafteten die guten Leute brav und fleißig und mehrten so gewissenhaft den Wohlstand des Landesherren.

Solange Frieden im Land herrschte, mochte dies dem Markgrafen genügen. Doch in diesen Zeiten währte Frieden nie sehr lang, und wie der Landesherr wieder Soldaten zum Kampfe rüsten wollte, war kaum noch Geld in der Schatzkammer. Eilig sandte der Landesherr seine Getreuen aus, übers Land zu ziehen und neue Quellen für frische Taler zu erschließen. Mancher Ritter gab gern, hier und da erließ man neue Zölle. Besonders hellhörig ward der Markgraf indes, wie ihm seine Männer von Böden berichteten, die ihm gehörten, aber inzwischen von den dortigen Bauern und Büttnern als deren Eigentum betrachtet würden.

Till Eulenspiegel hatte es sich eben im Krug an der Kirche gut gehen lassen und wollte sich unter einem Baum einen Platz zur gemütlichen Verdauung suchen, da brauste eine Heerschar heran. Aus der Horde kam einer hervor, der sich mit Gebrüll Gehör verschaffte und den Leuten im Dorf das Wort des Markgrafen verkündete. Es sei kundgetan, rief er, dass des Markgrafen Land nicht mehr zur freien Verfügung stehe. Hernach zählte der Herold die betreffenden Felder, Wiesen und Wälder auf. Nur noch einmal dürften die Leute diese Böden bestellen und Ernte halten, dann nicht mehr. Wer zuwider handelte, dem drohte der Kerker. Da hob ein großes Gemurre auf dem Platze an. Schließlich standen hier die fruchtbarsten Böden in Rede, darauf wollten die Kleinmachnower natürlich nicht verzichten. Doch alle Versuche, den Herold zu überzeugen, waren vergeblich. Er habe die Botschaft überbracht. Grußlos wandten er und die Bewaffneten ihre Rösser und ritten davon, nach Nowawes zu.

Wie sich die Leute auf dem Platz nun ereiferten, trat Bruder Listig an den Schulze heran und sprach: »Wenn Ihr nur noch einmal säen und ernten dürft, dann säet doch Eicheln, auf dass Eure Kindeskinder oder deren Kindeskinder dereinst reiche Ernte halten dürfen.« Erst meinte der Schulze, der Narr wolle ihn zum beigefügten Schaden noch mit Spott überschütten. Doch wie er sah, dass es Till Eulenspiegel ernst war, schickte der Schulze die Kinder des Dorfes aus, Eicheln zu sammeln. Schon anderntags nahmen die Bauern das besagte Feld unter den Pflug und trugen die Eicheln aus. Als dies dem Ersten aller Brandenburger zu Ohren kam, ward er grimmig und dies sehr. Doch ein kluger Magister an seiner Seite riet ihm zur Mäßigung. Er möge stille darüber hinweg sehen und niemandem eingestehen, dass er genarrt worden war. Wie recht der Berater hatte, denn bis heute findet sich kein Bericht in den Papieren der Herrschaft darüber.

Die Ernte bei der Hakeburg ist schon lange eingefahren und der Boden immer noch sehr ergiebig. Es gibt in der Mark kaum einen anderen Ort, für den Menschen so viel bezahlen, nur um darauf ein Haus zu bauen und leben zu dürfen.

Wie sich Till Eulenspiegel in Köpenick eines Besseren belehren lassen musste

Im Frühjahr und im Sommer war es leicht, sich unbeschwert durch die Welt zu bewegen und sich nicht um das Morgen zu scheren, wenn das Heute dem Menschen so viel Gutes bot. Wenn nun aber der Himmel seine Schleusentore öffnete, der Wind kalt über die Felder pfiff oder gar Eis und Schnee alles fest im Griff hatten, dann kroch auch ein Till Eulenspiegel lieber an einen warmen Ofen und ließ sich von einem Wagen durch die Lande fahren. So war es auch jetzt. Till Eulenspiegel verdingte sich als Knecht im Dienste des Markgrafen. Weiß der Fuchs, was den hohen Herrn bewogen hatte, diesen seltsamen Burschen in seiner zerschlissenen Gewandung in seinen Tross aufzunehmen, mit der er durch das Brandenburgische zog: Er hatte es einfach getan.

In Köpenick war die herrschaftliche Burg in diesen Tagen eine Baustelle, also kehrte der Markgraf mit seinem Gefolge in einer guten Herberge bei der Laurentiuskirche ein. Man speiste gut, genoss Bier und Wein, lachte froh und war unbeschwert, derweil draußen die Winde heulten und der Regen peitschte. Dem hohen Herrn dienten solche Runden auch stets dem Zweck, von den Menschen etwas über ihr Wohl und Weh zu erfahren. Der Schenk berichtete, dass ein seltsamer Wanderprediger Einzug gehalten habe in Köpenick. Wie er dies meine, fragte der Markgraf. Der Krüger fuhr fort: »Dieser Mann ist sehr klug, weiß beste Ratschläge und halte die Leute an, treu im Glauben zu stehen.« Diese und jene Ratschläge habe er gegeben und jedes Mal habe es den Menschen geholfen. Sei es, dass der Prediger wusste, wie sich ein Weib gegen den Grimm des Gatten zu wehren hatte, wie ein Bauer seine verwirrten Hühner beruhigen konnte oder wie er, der Schenk, redliche von unredlichen Gästen rechtzeitig zu erkennen vermöge. »Und könnt Ihr es nun?«, fragte der Markgraf höchst interessiert. »Oh gewiss doch, gewiss«, sprach der Krüger. Ehedem habe er so manchen Taler an Gauner und Betrüger verloren, nun aber geschehe dieses gar nicht mehr.

Da ward der Markgraf neugierig und hieß seinen Knecht Eulenspiegel, sich zu eilen und diesen sonderbaren Prediger zu ihm zu bringen. Till Eulenspiegel tat, wie ihm geheißen. Wie ihm beschrieben ward, fand er den Mann in einem Stall beim Vieh. Dort kauerte er und wärmte sich an den Rindern. Erst wollte er Eulenspiegel nicht folgen, doch als er vernahm, dass niemand einen dummen Streich an ihm verüben wollte, ließ er sich zum Markgrafen führen.

Freundlich entrichtete er die Tageszeit, als er vor den hohen Herrn trat. Dieser staunte ob der Schlichtheit des Gewandes, in das der Prediger gehüllt war. Der Markgraf bot dem frommen Mann an, sich zum ihm zu setzen und mit ihm zu trinken und zu speisen. Er habe bereits etwas Brot und Käse und einen Krug Wasser zu sich genommen, sprach der Prediger und bat den Markgrafen, ihm sein Begehr mitzuteilen. Dies und das wollte der Herrscher wissen. So und so verhalte es sich, erwiderte der Prediger. Was auch immer der Mann kundtat, es beeindruckte den Markgrafen. Selten war ihm ein solch weiser Mensch vor die Augen getreten.

Als Berater konnte er diesen gut gebrauchen und so trug er ihm an, sich ihm anzuschließen und an seinen Hof zu kommen. Nun wäre weiland ein jeder ob dieses Angebotes überaus froh gewesen. Der Prediger aber sprach: »Gewiss folge ich Eurem Wunsche gern. Gestattet mir nur, vier Bedingungen zu äußern.« Da staunten die Leute ringsum sehr. Was mochte sich schon einer wünschen, was ein großer Mann wie der Markgraf nicht erfüllen konnte. Also erwiderte der Herrscher: »Ich wünsche Euren Rat, so dann, nennt Eure Bedingungen, auf dass ich sie rasch erfülle und ich Euch in meinem Kreis willkommen heißen kann.«

Der Prediger hob an: »Erstens wünsche ich mir ein Leben ohne Tod, zweitens erstrebe ich eine Jugend ohne Alter. Drittens will ich Reichtum ohne Armut und viertens schließlich dürstet es mich nach steter Freude, in der kein Schmerz ist.« Der Raum war voller Schweigen. Eine Weile währte es, bis der Markgraf sprach: »Sagt, guter Mann, wer hat die Macht über solches?« Da erwiderte der Prediger: »Edler Markgraf, habt Ihr keine Macht, mir dieses zu gewähren, so lasst mich ziehen und nach jenem streben, der die Macht hat, es zu vollbringen.« Ehe die Umstehenden verstanden hatten, was sie eben gehört, war der Prediger an Till Eulenspiegel vorbei aus der Herberge herausgetreten und in der Kälte verschwunden.

Wie Till Eulenspiegel ins Gefängnis kam und dabei das Städtchen Kyritz rettete

Reichlich abgerissen kam Till Eulenspiegel an einem sonst recht schönen Tage in das Prignitz-Städtchen Kyritz. Der Magen hing ihm in den Kniekehlen, sein Beutel war leer, Geld hatte er keines, und so wie er vor die Leute trat, staubig, verdreckt und ausgezehrt, mochte ihn gewiss kein Handwerker einstellen. So schaute er hier und sah nach da, und als meinte, das Städtchen erfasst zu haben, trat er wieder vor das Tor. Dicht dabei floss die Jäglitz, weiland noch ein recht stattliches Gewässer. An einer Weide warf Eulenspiegel alle Kleider von sich. Erst sprang er allein in den Fluss, dann nahm er sein Gewand dazu und wusch es durch. Gottlob war es ein warmer Tag. So konnte sich Till Eulenspiegel selbst und seine Kleider in der Sonne trocknen.

Die frischen Kleider ließen ihn nunmehr nicht wie einen Lumpen erscheinen. Frohen Mutes kehrte er ins Städtchen zurück und diente sich einem Böttcher als Geselle an. In Hamburg habe er stattliche Bottiche für Fisch geschaffen, im Spreewald baute er welche, darinnen man Gemüse zu lagern pflegt. Das beeindruckte den Meister sehr, war er doch selbst kaum bis Wittstock oder Pritzwalk gekommen. Man möchte es kaum glauben, aber Till Eulenspiegel machte sich gut. Zumindest genügten die Bottiche und Eimer, die er schuf, seinem Meister und dessen Kundschaft voll und ganz. So hatte Till Eulenspiegel ein gutes Auskommen, genug zu essen und konnte sich an manchem Abend in der Schenke am Marktplatz einen Schlummertrunk gönnen.

So hätte es getrost eine Weile gehen können und wäre es auch, wenn da nicht der neidische Geselle gewesen wäre, der schon seit Jahren bei diesem Böttcher in Lohn und Brot stand. Nicht allein, dass es mit seinen Fertigkeiten nicht so weit her war, stinkend faul war er obendrein. Till Eulenspiegel konnte er wenig leiden, weil dieser die Aufträge recht zügig erledigte. Fürderhin grämte es ihn, dass sich dieser seltsame Fremdling so gut mit dem Lehrling des Meisters verstand. Begierig sog der Junge alles auf, was ihm Till Eulenspiegel aus der großen, weiten Welt berichtete. Dass Bruder Listig dabei der Wahrheit oft und gern Spielraum gab, war dem Jungen einerlei.

Einmal erzählte Eulenspiegel dem Burschen, dass er das Weib des Kyritzer Bürgermeisters nackig gesehen habe. Das mochte der Junge nun nicht glauben und zog Eulenspiegels Worte in Zweifel. »So wahr ich hier stehe«, sagte Till Eulenspiegel, »so wahr ist es, dass ich Frau Bürgermeister nackt gesehen habe.« Der Junge schüttelte neuerlich den Kopf. Er kannte das Weib des Bürgermeisters und wusste um seine Sittsamkeit. Eulenspiegel beharrte auf seinen Worten, meinte gar, dass er das Weib gar des Öfteren nackt gesehen habe, seit er in Kyritz angekommen sei, und so wogte die Rede hin und her und blieb bald dem anderen Gesellen nicht verborgen. Als dieser vernahm, was Eulenspiegel erzählte, rieb er sich die Hände.

Solches Wissen, so dachte er, sei Gold wert. Wenn er das zum Bürgermeister trage und ihm versichere, es keinem anderen zu sagen, werde ihn der hohe Herr gewiss fürstlich entlohnen. Kein Bürgermeister, der etwas auf sich hielt, konnte sich solch schlechten Leumund leisten, solch dunklen Fleck auf dem weißen Hemd seiner ehrbaren Familie. Bis ans Ende seiner Tage, hoffte der Geselle, habe er nun ausgesorgt und müsse dafür nichts weiter tun, als den Bürgermeister von Zeit zu Zeit daran erinnern, was er von seinem Weibe wisse, dass sich einem fremden Kerl nackt gezeigt habe.

Bei günstiger Gelegenheit passte er den Bürgermeister ab und teilte sein Wissen. Gegen einen guten Beutel voller Taler werde er niemandem etwas darüber erzählen, fuhr der Geselle fort. Für etwas Geld hin und wieder schweige er wie ein Grab. Sprach's und grinste schelmisch. Der Bürgermeister erschrak zutiefst, hochrot ward sein Kopf. »Ungeheuerlich«, rief er aus, »wer wagt es?« Der Geselle sah sich verstohlen um und bat, die Sache im Stillen zu behandeln. Andernfalls könne sie sich doch rasch zum Nachteil für den ehrwürdigen Bürgermeister auswachsen. Doch dieser kam nun erst recht in Fahrt, tobte, polterte und schäumte vor Wut. Da ward dem Gesellen angst und bange. Eben wollte er sich davonschleichen, da rief der Bürgermeister die Stadtknechte. Diese packten den Gesellen. Just da trat des Bürgermeisters Weib ein und fragte nach der Ursache für das Gebrüll. So und so sei das, berichtete ihr Ehegesponst. Das Weib erschrak zutiefst, hochrot ward ihr Kopf. »Ungeheuerlich«, rief es aus, »wer wagt es?« Wie sich alle Augen auf den Gesellen richteten, der sich am liebsten in Luft auflösen wollte, suchte er nun sein Heil im Verrat. »Es ist der neue Geselle meines Meisters, der dies sagte«, sprach er recht kleinlaut.

Der Bürgermeister ließ den Gesellen gefänglich einziehen und sandte die Stadtknechte aus, gleiches mit Till Eulenspiegel zu tun. Bruder Listig hatte in seinen Jahren schon so manchen Zwist erlebt und wusste, dass Männer mit Schwertern und langen Messern am Ende immer das letzte Wort haben konnten, wenn man nicht aufpasste. So ließ er sich abführen und fand sich unversehens im Kerker wieder, in dem schon der Geselle saß und winselte. Erst wollte dieser nicht mit der Sprache herausrücken, warum er hier schmachten musste, doch bald bekam es Till Eulenspiegel doch zu hören. Oh, wie gern hätte er diesen Trottel nach Strich und Faden verdroschen. Doch was hätte es ihm genutzt. Nun hockte er hier unten im Turm und musste sehen, wie er wieder herauskam.

Anderntags trat der Bürgermeister ans Verließ und schüttete einen Kübel voller wüster Beschimpfungen über die beiden Delinquenten aus. Eulenspiegel nannte er einen hundsgemeinen Lügenbold, den Gesellen schimpfte er einen böswilligen Erpresser. Gleich morgen, so kündigte der erste unter den Kyritzern an, werde Gericht über sie gehalten. »Dann werden euch eure Gemeinheiten für alle Zeiten vergehen«, rief er und machte auf dem Absatz kehrt. Kaum aber war er fort, stieg das Weib

des Bürgermeisters ins Verlies und ließ sich zu Till Eulenspiegel führen. Gewiss, auch die Frau war zornig, gleichwohl wollte sie wissen, was es mit der Rede des Fremden auf sich hatte. »Das ist rasch erklärt«, sagte Eulenspiegel, »oft habe ich in der Jäglitz ein frisches Bad genommen, ab und an geschah es, dass Ihr, edle Bürgermeisterin, just mit Eurem Gefolge vorbeigekommen seid. Ob Ihr mich wahrgenommen habt, wie ich da nackt im Wasser war, das weiß ich nicht. Wohl aber habe ich Euch gesehen, als ich nackig war.«

Wie der Geselle dies vernahm, wollte er vor Gram sterben. Das Weib aber lachte. »Du bist mir ein wahrer Schelm. Sieh zu, wie du dich morgen vor Gericht aus der Schlinge ziehst. Wortgewandt bist du ja.« Ernst wandte sich die hohe Frau dem Gesellen zu und sprach: »In deiner Haut will ich nicht stecken, du elender Lump. Du wolltest meine Ehre beschmutzen.« Wimmernd verkroch sich der Geselle in eine Ecke.

In der Nacht wurde Till Eulenspiegel wach. Seltsame Geräusche waren an sein Ohr gedrungen. »He Mistkerl«, sprach er den Gesellen an, »halt die Glieder still und schabe nicht umher. Bei diesem Lärm kann ich nicht ruhen und Kraft für das Gericht sammeln.« Der Geselle rührte sich kaum, brummte und drehte sich um. Doch das Schaben und Kratzen nahm kein Ende. Eulenspiegel lauschte und wie es ihm schien, dass unter dem Verlies etwas geschehe, holte er den Stadtknecht heran. »Sag dem Kerkermeister, er soll das Ungeziefer vertreiben, das da unter uns gräbt und rumort. Ich will endlich schlafen.« Der Stadtknecht tat, wie ihm geheißen, und Eulenspiegel wiederholte seine Rede. Der Kerkermeister ließ sich zur besprochenen Stelle führen und legte sein Ohr auf den Boden. Allein ein »Das wird doch nicht« entfuhr ihm. Grußlos eilte der Kerkermeister aus dem Verlies. Das Schaben und Kratzen hielt an.

Anderntags wartete Till Eulenspiegel vergebens auf den Gang vors Gericht. Der Stadtknecht wusste keine Erklärung. Auch der nächste Tag verstrich. Dann aber, der dritte Tag war an seiner Mitte angelegt, hob in der Stadt ein großes Geschrei an, so laut, dass es Eulenspiegel bis in das Verließ hinein hören konnte. Jubel mischte sich in das Gebrüll und bald ward die Tür zum Keller aufgerissen und mehrere Stadtknechte führten einen stämmigen, bärtigen Kerl herein, der um sich trat und die Knechte bespuckte. Über und über mit Brei war er besudelt. »Ihr werdet meinen Zorn zu spüren bekommen, ihr Würmer«, schäumte er. Allein es half ihm nichts. Die Bewaffneten sperrten ihn in das Verließ neben dem, in dem Eulenspiegel und der Geselle saßen.

Kaum geschehen, stürzte der Bürgermeister herbei und herrschte den neuen Gefangenen an. »Bassewitz, verfluchter Räuber, wolltest einen Tunnel graben und uns in den Rücken fallen.« Der Bärtige wünschte den Bürgermeister zum Teufel. »Doch dein schändlicher Plan wurde vereitelt, gleich morgen empfängst du deine gerechte Strafe.« Der Stämmige konnte am Gitter des Verlieses rütteln wie er wollte, es klapperte bloß, gab ihn aber nicht frei. »Ich komme raus und dann wird jeder von euch verfluchten Kyritzer Ratten von mir mit solchem Brei erstickt, den ihr eben auf mich gegossen habt, als ich aus dem Tunnel steigen wollte.«

Der Bürgermeister wand sich ab und ließ Till Eulenspiegel heraustreten. »Du hast uns vor einer der schlimmsten Landplagen bewahrt, die es hier gibt. Dafür soll dir die Strafe für dein loses Maul erlassen sein. Pack deine Sachen und zieh weiter.« Das ließ Till Eulenspiegel nicht zweimal sagen. Noch ehe das große Freudenfest der Kyritzer über den Sieg gegen Ritter Bassewitz anhob, war Bruder Listig durch das Tor gezogen. Der Geselle aber, der noch eine Weile im Verließ schmachten musste, hat wohl später allen kundgetan, er habe die Stadt vor dem grabenden Ritter gewarnt. So jedenfalls muss es gewesen sein, denn die Sage berichtet, dass es ein im Turm eingesperrter Verbrecher den rettenden Hinweis gegeben habe. Und ein Verbrecher ist Till Eulenspiegel nie und nimmer gewesen.

Wie Till Eulenspiegel einen Schenk in Rietz vor der Strafe des Kaisers bewahrte

Eines Tages geschah es, dass Kaiser Karl durch das Dörflein Rietz geritten kam. Von der Neuen Stadt Brandenburg her war er auf dem Weg ins Lehniner Land mit seinen tiefen Wäldern, wo er gelegentlich zu jagen pflegte. Wie der Kaiser mit seinem Gefolge durch das Dorf ritt, überfiel ihn großer Durst. Rasch ließ der Herrscher am Krug nahe bei der Kirche halten und rief den Schenk herbei. »Uns dürstet. Bring er Uns und Seinem Gefolge einen guten Tropfen. Aber eil er sich.« Der Wirt, ein rundlicher Gesell von gemütlicher Natur, tat wie ihm geheißen. Kaum war er im Krug verschwunden, da kamen schon des Krügers Töchter gelaufen, mit Bechern voller Wein und Bier. Der Wirt nahm sich einen davon und rief dem Kaiser zu: »Auf die Gesundheit Seiner Majestät, möge Euer Besuch auf ewig unser kleines Rietz ehren.«

Nach dem labenden Trunke trat der Kaiser an den Schenk heran und besah ihn von oben bis unten. Und sprach: »Sag er Uns, warum er so rund von Gestalt ist und Wir nur so dünn?« Tatsächlich war der große Herrscher so mager, dass er reichlich Mühe hatte, seinen eigenen Schatten zu finden. Das gefiel dem Kaiser gar nicht. Da erwiderte der Wirt: »Seht, Euer Majestät machen sich viel Kopfzerbrechen, weil Ihr Eure Probleme ernst nehmt. Ich dagegen, ich nehme alles von der leichten Seite. Ich ziehe meinen Sorgen und Nöten die Zähne, damit sie mich nicht beißen können. Eure Sorgen und Nöte aber nagen an Euch, sie machen Euch Kopfschmerzen. Deshalb seid Ihr so mager.«

Da legte der Kaiser seine Stirn in Falten. »Er ist frech, er macht sich über seinen Kaiser lustig.« Der Wirt holte schon Luft, dem hohen Herrn zu antworten. Doch dieser hieß den Krüger mit einer Handbewegung stille zu sein. »Wir geben ihm

Gelegenheit, seine Klugheit zu beweisen. Hat er nur ein loses Schandmaul, ereilt ihn eine Strafe wegen Beleidigung Seiner Majestät.« Da gefror dem Schenk das Grinsen im Gesicht. »In drei Tage folge er Uns nach Lehnin. Wir erwarten ihn im Kloster. Dann soll er Uns drei Fragen beantworten.« Dem Schenk ward bange, der Herrscher fuhr fort. »Höre er nun genau hin: Erstens wollen Wir wissen, was Wir wert sind, wenn Uns all Unserer Reichtum umgibt? Als zweites sag er Uns, wo sich der Mittelpunkt der Welt befindet? Drittens schließlich teile er Uns mit, was Wir in drei Tagen denken, just in dem Augenblick, da er Uns in Lehnin gegenübertritt. Gelingt ihm diese Aufgabe, wiegen Wir sein Gewicht in Gold auf. Fehlt aber auch nur eine Antwort, lassen Wir ihn in Ketten legen und in den nächstbesten Turm zu gemeinen Dieben, Verrätern und anderen Lästermäulern werfen. Dort mag er schmachten und über seine Freveltat nachsinnen.« Ohne weitere Worte ließ der Kaiser aufsitzen, und der Tross zog von dannen. Zurück blieb ein Wirt, dessen Maul offenstand und dem das Lachen im Halse steckengeblieben war.

Am ersten Tag grübelte der Wirt so sehr über die Lösung der Aufgaben, dass ihm die Kopfschmerzen schier den Schädel zerrissen. Am zweiten Tag rief er die wichtigen Leute aus Rietz herbei, den Schulzen, den Pfarrer, den Müller und all jene, der sonst noch im Dorf Rang und Namen hatte. Sie soffen ihm zwar die Krüge leer, die zur Hilfe des Nachdenkens auf den Tisch gestellt waren. An Antworten mangelte es aber trotzdem. Große Traurigkeit erfasste die Menschen im Dorf, schätzten sie doch ihren Krüger für seine Art und Freundlichkeit. Allein, zu helfen sah sich niemand im Stande. Am dritten Tag wusste der Schenk weder aus noch ein und glaubte sich verloren.

Schon wollte er von seinen Töchtern und dem Weibe Abschied nehmen, da kam vom Holzberg her ein sonderbarer Bursche, ein Kerl von schlaksiger Gestalt in kunterbunter Gewandung. Mit einem Lied auf den Lippen zog Till Eulenspiegel, denn kein anderer als dieser war es, die Straße entlang. Wie er den betrübten Krüger sah, hielt er inne. »So herrlich scheint die

Sonne, so schön ist der Tag und einladend Eure Schenke – was zieht Ihr solch ein düsteres Gesicht?« »Ach«, sprach der Wirt und tat eine wegwerfende Handbewegung, »das braucht dich bunten Vogel nicht zu scheren.« Doch Till Eulenspiegel trat näher. »Ich sag Euch was: Für einen Becher Wein erzähl ich Euch, wie ich in Berlin einen Schneidermeister genarrt habe. Das bringt Euch auf andere Gedanken und stillt meinen Durst.« Der Wirt winkte abermals und sprach: »Du könntest saufen, soviel du wolltest, würdest du mich meiner Sorge entledigen.« Dann berichtete er, welche Aufgaben ihm der Kaiser gestellt hatte.

Eulenspiegel schwieg zuerst, kratzte sich am Kopf und meinte schließlich: »Ich kann Euch helfen, Krüger.« Inzwischen waren die Töchter und das Weib des Schenks herzugetreten. »Sprich«, bat der Wirt. »Gebt mir Eure Gewandung, genau die, in der Ihr dem Kaiser gegenübergestanden habt. So ziehe ich nach dem Kloster hin und beantworte für Euch die drei Fragen, die er Euch gestellt hat.« Als die Frauen dies hörten, lachten sie den Narren aus. Der Wirt aber dachte: »Was habe ich zu verlieren?« Sein Weib meinte gar: »Der lustige Fremde sieht dir recht ähnlich, nur dass du reichlich beleibter bist.« Der Schenk warf seine Kleidung ab und reichte sie Bruder Listig.

Der zog sich die grobe Kleidung des Wirtes mit der markanten Schürze an. Die Kleider waren so groß, dass noch zwei weitere Kerle von Tills hineingepasst hätten. Dann tat er sich noch falsche Haare ins Gesicht, die der Gestalt jenes Bartes waren, den der Schenk trug. So strebte er dem Kloster entgegen, blieb immer wieder an Ästen und Sträuchern hängen, so weit war ihm das Kleid des Krügers.

Am Klostertor angekommen, schlug er gegen das Holz und begehrte Einlass. »Wer bist du?«, fragte ein Mönch an der Pforte. »Melde mich Seiner Majestät, Kaiser Karl, und sage ihm, der aus Rietz, den er erwartet, der ist erschienen.« Der Mönch eilte zum Abt, der beim Kaiser weilte und sagte, wer hinein will. »Da ist ja dieser lästerliche Schenk von Rietz, lasset ihn hinein, er will Uns Antworten geben«, sagte der Kaiser. Doch wie staunten der Herrscher und seine Begleiter, als sie den schmächtigen Manne sahen, der da eintrat. »Vor drei Tagen war der Wirt reichlich dicker. Fett und frech war er. Aber nun seht alle selbst: Unsere drei Fragen haben sein Fett dahinschmelzen lassen. Das wird ihn lehren, sich fortan nicht mehr über Unsere ernsten Sorgen und Nöte Späße zu erlauben.« Der Kaiser ließ den dünnen Gast vor sich treten: »Nun denn, Schenk, beginne er mit den Antworten.« Im Saal herrschte Schweigen, jeder wollte die Antworten hören. »Wie viel sind Wir wert mit all Unseren Reichtümern?« Till Eulenspiegel sann nicht lange nach und erwiderte: »Genau 29 Silberlinge.« Erstaunt sah ihn der Kaiser an: »Wie kommt er auf diese Zahl?« Die Höflinge erstarrten: »Der Kaiser soll nur 29 Silberlinge wert sein? Allein der Mantel, den er trägt, wiegt diese Summe auf.« »Seht«, sprach Eulenspiegel da, »unser Herr Jesus Christus wurde für 30 Silberlinge verkauft. Ich meine, dass es im Sinne eines jeden guten Christenmenschen sei, den Wert des Kaiser mit einem Silberling weniger anzusetzen.« Der Kaiser und all anderen schwiegen betroffen, gaben aber schließlich zu, dass der Wirt Recht hatte.

»Sehr gut, sehr gut«, entgegnete der Kaiser, »aber nun sage er Uns: Wo ist der Mittelpunkt der Welt?« Da trat Bruder Listig näher heran und wies auf den Boden und die Füße des Herrschers: »Der Mittelpunkt ist dort, wo Euer Majestät steht. Alles dreht sich um Euch. Ihr steht in der Mitte, andernfalls würde das Heilige Römische Reich Deutscher Nation zerfallen. Wer dies nicht glauben mag, der soll es nachmessen.« Wieder ging ein Raunen durch den Saal. Die Höflinge und Mönche gleichermaßen mussten zugeben, dass der vermeintliche Wirt wieder richtig geantwortet hatte.

Der Kaiser war verwirrt, hatte er doch nicht damit gerechnet, dass der Wirt richtig sprechen würde. Die letzte Frage, da war sich der Herrscher sicher, könne dieser Rietzer Wicht nicht beantworten: »Niemand kann die Gedanken eines anderen Menschen lesen. Also: Sagt Uns, was Wir dachten, als er eben vor Uns getreten seid?« Till Eulenspiegel baute sich vor dem Kaiser auf: »Ihr denkt, ich sei der Mundschenk von Rietz.«

»Gewiss, das ist er doch auch«, erwiderte der Kaiser. »Oh, das bin ich nicht«, sprach Eulenspiegel. Er legte die Schürze und die andere Wirtskleidung ab und nahm den falschen Bart aus dem Gesicht. Da erschraken der Kaiser und alle Leute im Saale. »Ich bin nur ein einfacher Wandergesell, den das Leid des Wirtes dauerte. Hätte ich dem Krüger nicht geholfen, wer hätte mir heute Abend ein feines Mahl und einen frischen Trunk serviert?«

»Packt den frechen Kerl«, riefen die Höflinge, »er hält unseren Kaiser kaum Narren.« Zwei Söldner des Kaisers traten vor und nahmen Till Eulenspiegel fest in den Griff. Doch der Herrscher schritt herbei und hieß die Söldner loszulassen. »Er hat Unsere Gedanken gekannt und richtig benannt, also hat er auch die dritte Frage beantwortet. Wir wären ein lausiger, dummer Herrscher, würden Wir dies nicht erkennen«, sprach der Kaiser. Dann erhellte sich seine Miene und er hob ein schallendes Gelächter an: »Nun haben Wir aber Glück im Unglück.« Die Höflinge sahen ihn verwundert an. »Wir haben ihm versprochen, ihn in Gold aufzuwiegen, wenn er die Aufgaben löse. Nun seht euch diesen dürren Gesell an. Der bringt doch nicht viel auf die Waage. Hätten Wir den fetten Krüger aufwiegen müssen, Unsere Schatzkammer wäre leer gewesen.«

Hernach, sagt man, soll Kaiser Karl nie wieder durch Rietz gezogen sein. Till Eulenspiegel aber, heißt es, war im Krug dicht beim See immer ein gern gesehener Gast.

Wie Till Eulenspiegel einmal in Liskau einer geizigen Bäuerin den Hintern versengte

Auf seinem Weg in der Nieder-Lausitz von hier nach dort kam Till Eulenspiegel in das Dorf Liskau. Reichlich den ganzen Tag war er gelaufen, hatte mal da, mal dort um eine kleine Speise und einen frischen Trunk gebeten. Doch die Zeiten waren hart und die Herzen der Menschen härter. Kein freundliches Wort erweichte die Leute, keine Verheißung auf eine schöne Mär betörte sie. Gleich am ersten Haus in Liskau, an der Ölmühle, wollte es Till Eulenspiegel abermals versuchen. Vorsichtig klopfte er an, und weil die Türe offen stand, trat er einen Schritt hinein und bat um ein kleines Mahl. Wohl roch er, dass darinnen etwas Feines bereitet wurde. Die Müllerin backte gerade gute Eierkuchen, Plinsen, wie man sie dazulande nannte. Doch wie das Weib den Narren sah, herrschte es den Fremden an. Er, er solle sich gefälligst davonscheren, rief die Müllerin, und ihr zur bereits entwendeten Zeit nicht auch noch das kostbare Gebäck stehlen.

Nun wäre es für Eulenspiegel gewiss ein Leichtes gewesen, die Müllerin beiseitezuschieben und an den leckeren Plinsen schnellen Mundraub zu verüben. Doch er hielt es für angezeigt, dem geizigen Weib ein besseres Andenken an ihre Gastunfreundlichkeit zu hinterlassen. Also packte er die Frau, hob ihren Rock hoch und setzte sie mit dem blanken Hintern auf den heißen Rost, auf dass sie sich verbrannte.

Dann machte Bruder Listig, dass er aus der Ölmühle und aus Liskau fortkam. Das Weib schrie wie am Spieß, und dessen Ehegesponst oder anderen Burschen zu begegnen, war gewiss nicht Eulenspiegels Sache. Im nahen Städtchen Spremberg, so hoffte er es wohl, werde er schon Aufnahme finden.

Wie Till Eulenspiegel einmal dem Luckauer Bürgermeister die Zukunft prophezeien musste

Einem Böttcher zu Luckau war Till Eulenspiegel einmal ein guter Geselle. Gewiss, das Handwerk auszuführen, gehörte nicht zu seinen Stärken. Wohl aber genoss er großes Ansehen bei seinem Meister, da er diesen mit allerlei klugen Ratschlägen erbaute und mit verschiedentlichen Schnurren erheiterte. Das sprach sich bald herum, und so kamen die Leute herbei, um von diesem komischen Vogel etwas berichtet zu bekommen. Allein, es waren dies keine Scherze bloß. Manchen trieb die Not, und er erbat sich ernsthaft Hilfe von Eulenspiegel. Dieser half gern, wohl auch, weil ihm die Menschen den guten Dienst entlohnten. Wusste es Till Eulenspiegel einmal nicht besser, so sprach er dennoch, und es klang weise und gut überlegt. Was juckte es die Leute, wenn er der Wahrheit Spielraum gab, aber zu helfen verstand.

Eine Weile mochte es so gehen, und es wäre gewiss weiter gegangen, wenn dem Pfarrer von St. Nicolai die immer klugen Ratschläge eines anderen als ihm nicht gegen den Strich gegangen wären. Von allerlei Volk aus dem Städtchen erfuhr der Geistliche, wie sie Till Eulenspiegel vertrauten, der zu allem und jedem Kluges zu sagen habe. Dem Pfarrer schien, dass sich weniger Leute an ihn wandten und zum Dank den Opferstock füllten. Und so sah er es angezeigt, sich diesen bunten Vogel vom Hals zu schaffen, dafür zu sorgen, dass dieser aus der Stadt, wenn nicht gleich ganz von der Erde verschwand.

Anderntags ging der Pfarrer ins Rathaus am Markt und sprach beim Bürgermeister vor. »Ihr denkt, Ihr wäret der, der hier das Sagen hat.« Der Bürgermeister nickte wohl und erwiderte: »Das denke ich nicht nur, das weiß ich auch. Der Markgraf ist fern, der Kaiser ebenso, so bin ich hier der Herr.« Da schüttelte der Pfarrer den Kopf: »Oh nein, denn das Volk dort unten auf dem Markte und im ganzen Städtchen, das denkt anders.« Der Bürgermeister erschrak und forderte Erklärung. »Seht«, fuhr der Pfarrer fort, »der bunte Böttchergeselle ist es, dem die Menschen vertrauen. Ihn fragen sie um Rat in allen Lebenslagen. Hört Ihr, in allen Lebenslagen. Dieses vollführt er mit solchem Erfolg, dass ihn die Leute für den Klügsten in Luckau halten und Euch, Herr Bürgermeister, bestenfalls als dessen Knecht betrachten.« Der Bürgermeister stemmte seine Hände in die Hüften und schnaubte vor Wut. »Was wagt der Kerl?« Der Pfarrer setzte nach: »Der Bursche erzählt gar Lügenmärchen über Euch, mein Bürgermeister, und ich muss fürchten, er hat es auf Euren Stuhl abgesehen.«

Da hob der Bürgermeister ein großes Wutgebrüll an und rief die Stadtknechte. »Holt mir den frechen Burschen her, aber seid gewarnt, er ist gefährlich und will mir am Zeuge flicken.« Ein Dutzend Stadtknechte schritten rasch aus. In der Böttcherwerkstatt dicht bei dem Roten Tore griffen sie Till Eulenspiegel und führten ihn nach dem Rathause hin. Was es denn gebe, fragte der Narr. So und so sei das, erwiderte der Hauptmann der Stadtknechte. Till Eulenspiegel schwante Böses, als man ihn vor den Bürgermeister stellte.

Sogleich sprach der Bürgermeister seine Anklage: »Treue Bürger trugen mir zu, dass Du ein Lügner bist und dass Du Geld bekommt für Deine unverschämten Unwahrheiten. Ist das wahr?« Noch fragte sich Eulenspiegel, wem er zu nahe getreten war, der ihn beim Bürgermeister angeschwärzt hatte. Er schüttelte den Kopf: »Ich verbreitete keine Lügen. Dass mir die Leute den einen oder anderen Heller geben, mag dem Umstand geschuldet sein, dass sie ihrer Dankbarkeit anders nicht Ausdruck verleihen können.« Der Pfarrer, der bisher still in der Ecke gestanden und gelauscht hatte, sprang hervor: »Da hört Ihr es, mein Bürgermeister, er gibt es zu.« Nun wusste Till Eulenspiegel, wem er diese Vorladung zu verdanken hatte, und

sprach: »Oh gewiss, ich gebe zu, dass ich viel über die vergangenen Zeiten und die Dinge weiß, wie sie heute liegen. Auch vermag ich, Euch die Zukunft vorauszusagen.« Nun war es der Pfarrer, der tobte, als sei er gestochen worden. »Welcher Frevel. Keiner kann in die Zukunft schauen. Das wäre Teufelswerk.« Doch der Bürgermeister besann sich und erwiderte mit Bedacht. »So, so, das kannst Du.« Eulenspiegel nickte, und der Bürgermeister fuhr fort: »Dann will ich hören, ob Du weise, ein Satansbruder oder ein frecher Narr bist.« Till Eulenspiegel ahnte nur zu gut, dass eine falsche Antwort sein Todesurteil wäre. »Sprecht«, hielt er den Bürgermeister an. Der hob an: »Sage mir, wie und wann ich sterben werde.«

Schweigen legte sich wie Mehltau über den Ratssaal. Bruder Listig tat seine Stirn in Falten, grübelte und grübelte. Der Pfarrer brach als erster die Ruhe. »Seht doch, er weiß es nicht, er ist ein Scharlatan, ein ganz gemeiner.« Da hielt Eulenspiegel inne im Grübeln und sprach: »Ein Fuhrwerk wird Euch zu Tode trampeln, unten auf dem Markt.« Ein Rumoren ging durch die Reihen. »Und«, setzte Bruder Listig nach, »dies wird geschehen am Morgen nach meinem Tode.«

Nun waren unter den Stadtknechten einige, die um Eulenspiegels kluge Ratschläge wussten und diese schätzten. Sie erschraken ob dieser Prophezeiung laut und vernehmlich. Dem Bürgermeister ward es weiß um die Nase. Allein der Pfarrer schimpfte: »Das ist doch bloß Geschwätz. Hört nicht auf ihn, Herr Bürgermeister.« Doch der Bürgermeister hieß die Stadtknechte, den Geistlichen aus dem Saal zu führen. Till Eulenspiegel aber dankte er und bat ihn, am Abend sein Gast bei Tische zu sein. Natürlich ließ der Bürgermeister nur die besten Speisen und feinsten Weine auffahren, die Luckau in Tagen wie diesen zu bieten hatte. Und ebenso natürlich drang er weiter auf Eulenspiegel ein, um Weiteres aus seiner Zukunft zu erfahren.

Für die Nachwelt ist es bedauerlich, dass kein Stadtschreiber dazugeholt wurde. Sonst könnte die Chronik berichten, was Bruder Listig noch alles zum Besten gegeben hat.

Wie Till Eulenspiegel einem Mühlberger Großbauern bewies, wie gut er stehlen kann

Nun ist es auch für einen Narren nicht einfach, immer nur ein Schalk zu sein. Es waren diese Tage, an denen sich Till Eulenspiegel wünschte, sich sein Brot wie ein einfacher Bursche zu verdienen, nicht mit seinem Mundwerk die Dinge zu richten, sondern mit seinen Händen.

Mit diesem Vorsatz trat er in Uebigau auf den Hof eines Bauern und fragte nach ehrbarer Arbeit. Wie es sich fügte, war diesem Bauern eben erst ein Knecht gestorben, da konnte er gut Ersatz gebrauchen. Und ein junger Kerl verlangte weniger Lohn als ein erfahrener Knecht, mochte dieser Fremde mit seinem bunten Gewand auch seltsam anmuten. Doch der Wille allein macht noch keinen guten Meister. Alles, was Till Eulenspiegel auf dem Hof auch anfasste, misslang. Er fütterte die Tiere falsch. Sollte er etwas reparieren, machte er es gleich ganz entzwei. Schließlich schlachtete er noch die besten Legehennen und nicht die überzähligen Hähne, wie es ihm der Großknecht geheißen hatte. Da ward es dem Bauern zuviel und er jagte Eulenspiegel fort.

Eulenspiegel zog die Straße fürbass nach Mittag zu und kam bald nach Böhnitz. Dort bot er sich einem Zimmermann als Helfer an. Aber wie es Till Eulenspiegel auch anfing, kein Werk gelang, mochte er sich noch so viel Mühe geben. Wieder war er schneller aus dem Ort, als er hereingekommen war. Mit leerem Magen und dünnem Gewand legte er sich unter einer Weide an der Elbe zur Ruhe und kehrte am anderen Morgen in Mühlberg ein. Dicht bei der Kirche war der Krug und davor stand eine Traube Männer, die einander im Wortgefecht übertönten. Wie

Till Eulenspiegel vernahm, dass einer unter denen von einem Strolch überlistet worden war und nun mit dem Spott der anderen übergossen wurde, trat er heran und lauschte. Unter den Männern war einer, der besonders laut und unflätig den Düpierten mit Häme bedachte.

Da konnte Till Eulenspiegel nicht anders, als zu fragen: »Ihr seid wohl vor solchen listigen Burschen gefeit?« Der Angesprochene staunte über die freche Rede dieses Fremden, besah ihn sich vom Scheitel bis zur Sohle und erwiderte: »Ich bin noch mit jedem fertig geworden, mochte er sich für noch so schlau und hintertrieben halten.« Till Eulenspiegel setzte nach: »Gewiss, mein Herr, so mag es bisher gewesen sein. Aber jeder trifft eines Tages auf seinen Meister.» Da schwoll dem Mann der Hals, die Umstehenden traten auseinander und ließen ihm freie Bahn auf den bunten Fremden zu. »Willst du komischer Vogel vielleicht meinen, mir dieser Meister zu sein?« Eulenspiegel tat verlegen und schmunzelte. »Nun sprich«, setzte der Mann nach, »was vermagst du überhaupt, außer ehrbaren Menschen die Zeit zu stehlen?«

»Nicht die Zeit, wohl aber andere Dinge vermag ich zu stehlen. Sagt es mir und ich stehle es.« Mancher erschrak ob dieser Worte, der Angesprochene wunderte sich erst, dann hob er ein großes Gelächter an. Nun juckte es ihn aber, sich von einem Fremden nicht verspotten zu lassen, sondern diesen vorzuführen, wollte er in Mühlberg doch sein Gesicht nicht verlieren. »Dem werde ich es zeigen«, sprach er zu den Umstehenden, »und ihr seid meine Zeugen.« Er hieß sie, ihm auf seinen Hof zu folgen, es war dies ein großer, gar prächtiger Hof, wie man ihn hierzulande selten fand.

»So will ich sehen, was du vermagst«, sprach er zu Till Eulenspiegel. »Wenn du mir wirklich ein Meister sein willst, dann werden dir drei Aufgaben gelingen, die ich dir stelle. Schaffst du es, soll es nicht Dein Schaden sein und gewinnst du einen ordentlichen Beutel voller Geld. Misslingt es dir, lasse ich die Hunde los und du darfst Zeit deines Lebens nie wieder einen Fuß auf Mühlberger Boden setzen.«

»So nennt die Aufgaben«, erwiderte Till Eulenspiegel nur. Der Großbauer blies sich auf wie ein Puter und hob an: »Die Erste ist: Noch in dieser Nacht musst du mein Leibross aus dem Stalle führen, ohne dass es jemand merkt. Am Morgen muss das Pferd am Gutstor stehen. Alsdann musst du mir den Pfarrer und den Kirchendiener zu mir bringen, jeder aber stecke in einem Sack. Die dritte Aufgabe ist: Überreiche mir den Ehering meines Weibes.« Die anderen Männer erschraken ob solch schwerer Prüfung und schüttelten die Köpfe. Doch Till Eulenspiegel sagte nur: »So sei es.« Sprach's und empfahl sich.

Wie es dämmerte, verkleidete er sich wie ein zerrissener Wandergesell. So trat er in den Stall des Großbauern und fand vor, wie er es geahnt. Auf nämlichem Pferde saß ein Reiter und gab Obacht. »Was sitzt Ihr im Stall auf dem Pferd«, sprach er ihn an. Es war dies der Kleinknecht des Großbauern. »Das ist das Leibross meines Herrn, und damit es niemand aus dem Stall führen kann, muss ich bis zum Morgen darauf sitzen.«

Der vermeintliche Wandergesell tat so, als suchte er ein bisschen Stroh für die Nacht. Aus seiner Tasche holte er eine Flasche, tat, als trinke er und bot höflich dem Kleinknecht den guten Tropfen an. Ausgedürstet wie dieser war, griff er gerne zu. Doch im Gefäß war ein Schlaftrunk, und ehe man es sich versah, war der Knecht eingeschlafen. Doch er saß weiter fest im Sattel. So löste Till Eulenspiegel den Sattel vom Pferd und befestigte ihn mit Stricken an der Stalldecke. Das Ross führte er hinaus und band es an das Gutstor. Dort fand der erstaunte Herr das Tier anderntags auch.

Nun ging es an die zweite Probe. In der Elbe-Niederung waren viele Frösche. Davon fing Bruder Listig eine ganze Zahl ein und verwahrte sie wohl. Als die Nacht hereinbrach, ging er mit zwei Säcken und den Fröschen zum Friedhof. Jedem Frosch tat er mit Wachs eine Kerze auf den Rücken und ließ ihn laufen. Sodann warf er sich ein dunkles Gewand über und eilte sich, den Pfarrer und den Kirchendiener zu wecken.

Was es gebe, rief der müde Pfarrer heraus. »Kommt rasch zum Friedhof und seht dieses Wunder«, sprach Eulenspiegel.

Wie staunten der Geistliche und der Diener, als sie sahen, wie zwischen den Gräbern Lichter hin- und hersprangen. Die beiden waren sprachlos. Till Eulenspiegel sagte: »Diese Lichtlein sind die armen Seelen, die Ihr, verehrter Herr Pfarrer, erlöst habt. Mich hat unser Herr, der gute Gott, gesandt, um Euch und Euren braven Diener zum Dank dafür in den Himmel zu führen.«

Wie dies möglich sei, fragte der fromme Mann. »Ihr braucht bloß in die Säcke zu kriechen. Ich bringe Euch zu ihm.« Beide folgten den Worten. Till Eulenspiegel nahm den Sack mit dem Pfarrer auf den Rücken und zog den mit dem Kirchendiener hinter sich her. Bald wurde ihm der Pfarrer zu schwer und so zog er auch diesen Sack. Bald jammerte der Pfarrer über den rauhen, steinigen Weg. Da sprach Eulenspiegel: »Ihr, Herr Pfarrer, habt oft gepredigt, dass der Weg ins Himmelreich hart und rauh sei.« Sofort schwieg der Geistliche. Hätte er indes geahnt, dass man einige Zeit später eine Straße in Mühlberg »Himmelreich« nennen würde, weil man dorthin die Pestkranken zum Sterben verbannte, er hätte gewiss Einspruch erhoben. Als Till Eulenspiegel das Gutshaus erreichte, ließ er den reichen Bauern wecken. Schließlich hatte er die zweite Aufgabe gelöst. Bruder Listig war schon wieder fort, als der Großbauer vor dem Haus erschien und die Kirchenmänner aus den Säcken befreite.

Mit Stroh und Holz baute Till Eulenspiegel derweil eine Puppe, nahm sich eine Leiter und schlich zum Gutshaus zurück. Er lehnte die Leiter an das Fenster zum Schlafgemach des Großbauern und seinem Weibe und stellte die Puppe darauf, und zwar so, dass der Kopf von innen zu sehen war. Der Bauer hatte sich eben wieder zur Ruhe gelegt, da entdeckte er den Kopf. »Dich werde ich schon kriegen«, raunte er grimmig, meinte er doch, der neunmalkluge Fremde wollte über die Leiter ins Gemach einsteigen, um den Ring zu stehlen. Sofort stürmte der Bauer aus dem Zimmer, um den Burschen draußen an der Leiter zu erwischen.

Er hatte jedoch eben das Gemach verlassen, da trat Eulenspiegel aus einem Nebenraum in das dunkle Schlafgemach ein und sprach das Weib an. Dabei verstellte er seine Stimme so, dass die Frau meinte, ihr Ehegesponst spreche zu ihr. »Gib mir deinen Ring. Den will ich dem frechen Burschen zeigen und ihn lehren, sich mit einem erfahrenen Bauern anzulegen.« Da das Weib nur hörte, aber nichts sah, hatte es keinen Zweifel und reichte der Stimme den Ring. Nun machte Bruder Listig, dass er rasch fort kam. Er war kaum aus dem Haus, da hörte er, wie der Bauer Zeter und Mordio brüllte, sein Weib verfluchte und Till Eulenspiegel zum Teufel wünschte. Doch was sollte er tun? Er hatte seinen Meister getroffen.

Wie Till Eulenspiegel nun am nächsten Morgen frisch und fröhlich vor den Großbauern trat und ihm den Ehering überreichen wollte, bat ihn dieser, seine Freude im Stillen zu feiern. Dafür reichte ihm der Großbauern zwei pralle Geldbeutel und hieß Eulenspiegel, Mühlberg heimlich zu verlassen. »Geh mit Gott, aber geh.« Auch wenn ihm Till Eulenspiegel den Spott der Mühlberger gegönnt hatte: Ein zweiter Beutel voller Münzen war ihm allemal lieber als der Beifall anderer Leute.

Wie Eulenspiegel eben vom Hofe schritt, kam ihm der Kleinknecht in die Quere. Eingedenk des Umstandes, dass dieser nach dem gelungenen ersten Streich den Zorn des Großbauern zu spüren bekommen hatte, war es Till Eulenspiegel jetzt angezeigt, den Burschen ein wenig zu entschädigen, ehe er aus dem Städtchen schied. »He Bursche«, rief er ihn an, »lass mich heute einmal dein Gastgeber sein und folge mir den Krug.« Das kam dem Kleinknecht gerade recht. Im Krug ließ sich Bruder Listig wahrlich nicht lumpen und so währte das Gelage Stunde um Stunde.

Zum frühen Abend hin trat der Großbauer in die Schenke, und wie den Narren sah, ward ihm bange. Fürchtete er doch, der komische Bursche könnte sein Wort brechen und jedermann im Städtchen von der Schmach berichten. So verbarg er sich in einer Ecke des Kruges, erpicht darauf zu hören, was der Schalk zum Besten gab.

So schritt der Abend voran. Wie es Till Eulenspiegel nun drängte, sich der ersten Biere, die vorhin getrunken hatte,

zu entledigen, reichte er dem Kleinknecht die Geldbeutel und sprach: »Verwahre sie für mich, solange ich fort bin. Ich will doch diesen Schatz nicht beim Wasserlassen verlieren.« Sprach's und wankte aus der Schenke. Der Großbauer hatte auf solche Gelegenheit nur gewartet. Unbemerkt schlich er dem Narren hintendrein, und wie dieser draußen vor der Türe eben sein Geschäft begonnen hatte, schlug der Großbauer auf den Arglosen ein. Till Eulenspiegel hatte reichlich Mühe, sich auf den Beinen und dem wütenden Bauern standzuhalten. »Du verlogener Sausack«, schimpfte ihn der Bauer, »hast versprochen, gleich zu verschwinden. Nun sitzt du hier und säuftst munter. Das soll dir schlecht bekommen.« Wieder und wieder schlug er auf Eulenspiegel ein, und wie dieser stürzte und am Boden liegen blieb, packte ihn der Großbauer. Er schleppte den Narren hinunter zum Fluss, warf den geschundenen Leib in einen Kahn, löste das Seil und ließ ihn die Elbe hinab treiben.

Der Kleinknecht hat Wort gehalten und die Beutel verwahrt. Wo, das weiß bis heute niemand. Ob der Schatz am Ende in dem zentnerschweren Lästerstein steckt, dessen Vorderseite ein Horn tutender und schelmisch grinsender Narr ziert und der sehr viel später in die treuen Hände des Mühlberger Museums geraten ist, das müsste erst noch gebührlich untersucht werden.

Wie Till Eulenspiegel den Bollensdorfer Werwolf bezwang

In finsteren Zeiten, als vielen Menschen kein Irrwahn zu einfältig erschien, glaubten solche Leute an böse Gestalten, die hienieden umgingen. Dazu gehörte auch der Werwolf, jenes Wesen, das in hellen Vollmondnächten auf Jagd ging, am nächsten Morgen aber wieder der brave Hirte oder tüchtige Schmied war.

In Bollensdorf sagte man, der Werwolf sei ein sündvoller Böttcher gewesen, der nun umgehe, bis er Erlösung finde. Die Neuenhagener glaubten, einen Wanderprediger in der dunklen Gestalt zu erkennen. Der sei vom Glauben abgefallen. Nun sei er verdammt, bei Vollmond durch Wald und Flur zu ziehen. Drei arme Seelen, meinten die Bollensdorfer, habe der Werwolf schon geholt. Till Eulenspiegel hielt nichts von solchen Erzählungen, spürte aber keinen Drang, Irrgläubige zu bekehren. Doch wie ihm die Wirtin im Dorfkrug berichtete, dass immer weniger frohe Zecher in ihre Schenke kämen, seit der Dunkle umgehe, da hielt es Bruder Listig doch für angezeigt, etwas zu unternehmen. So sprach er zur Krügerin: »Was auch immer die Leute ängstigt, wir müssen es finden und Ruhe schaffen.«

Von der Wirtin ließ er sich wackere Burschen zuführen, auf die Verlass war. So und so wollen wir es angehen, sprach Till Eulenspiegel zu ihnen. Mit dem Wunsch, dem Grauen ein Ende zu bereiten, und dem Versprechen der Wirtin, nach getaner Arbeit ein zünftiges Mahl serviert zu bekommen, zogen Eulenspiegel und die Burschen aus. Es währte ein paar Tage, bis sie einander berichten konnten, was sie in den Dörfern, bei den Bauern und in den Wäldern bei den Köhlern gehört hatten. Till Eulenspiegel erbat sich einen Tag, das Gehörte zu prüfen. Und wie man sich am Folgeabend neuerlich im Dorfkrug traf, wusste Till Eulenspiegel zu sagen, wo der Werwolf zu finden sei. Beherzt wollten die Burschen sogleich zuschlagen. Doch Till Eulenspiegel mahnte zur Vorsicht: »Es ist ein fürwahr finsterer Gesell, bewaffnet bis an die Zähne.« Mit roher Gewalt sei ihm nicht beizukommen, und wenn doch, würde er viele tapfere Kerle mit in den Tod reißen. »In einem Wolfspelz jagt er die Leute, tötet sie und raubt sie aus.« Er kenne einen anderen Weg, wie man sich diese Plage vom Hals schaffen könne. »Lasst uns diesem Wolf zeigen, wer Herr ist in diesem Revier.«

Nun hatte Bruder Listig in Berlin gelernt, aus Pelzen Wölfe zu nähen. Also ließ er sich viele Pelze aus Bollensdorf bringen, maß die Burschen aus und nähte, bis er genug Gewandungen beisammen hatte. Wie Bruder Listig und fünf Burschen hineinstiegen, fuhr es der Krügerin durch Mark und Bein, wähnte sie sich doch sechs Wölfen gegenüber.

Als wieder der volle Mond am Nachthimmel stand, schlichen sich die gewandeten Männer zu der Hütte im Wald, in der Eulenspiegel den falschen Werwolf ausgemacht hatte. Wie dieser im Wolfspelz heraustrat, vernahm er ein Knurren aus dem Gebüsch. Er hielt inne. Da raschelte es von der anderen Seite, von der nächsten kam wieder ein Knurren. Aus der Deckung traten sechs finstere Wölfe. Nun war er es, der um sein Leben bangte. Immer näher kamen die Grauen, mochte er schreien und flehen wie er wollte. Die Wölfe packten ihn und zerrten an dem falschen Fell, bis es den Gauner preisgab. Dieser hatte sich der Tarnung entwunden, da trat einer der Wölfe vor ihn, es war dies Bruder Listig, und sprach: »Wir allein sind hier die Herrscher der Wälder. Lauf, wenn dir dein Leben lieb ist.« Nun meinte der Gauner, er habe es mit Werwölfen zu tun. Nach Vogelsdorf zu durch die feuchten Wiesen rannte er und ward nicht mehr gesehen. Das Fell aber gab Till Eulenspiegel der Bollensdorfer Krügerin. Die nahm es zum Zeichen dafür, dass der Werwolf bezwungen sei. Noch lange hing es in der Schenke. Doch als diese einem großen Brand zum Opfer fiel, war auch der Pelz verschwunden. Werwölfe aber will man seither nie wieder in dieser Gegend gesehen haben.

Wie Till Eulenspiegel in Neuruppin zwei Liebenden zur Ehe verhalf

Es war an einem Tag im Wonnemonat, da hielt Till Eulenspiegel Einzug in Neu-Ruppin. Ein fürwahr sonderbares Städtchen, dachte er, denn die Straßen waren allesamt grade und gingen in rechten Winkeln voneinander ab. Wie er hinter dem Rheinsberger Tor nahe der Kommunikation an einer Schmiede vorüberschritt, kam ein Jüngling herausgestürzt. Hintendrein rannte ein grober Kerl mit einem Hammer, den er wie eine Keule schwang. »Du Haderlump, stellst meiner Tochter nach«, rief der Alte. Der Junge hielt inne: »So habt ein Einsehen, Meister, wir haben einander lieb und ich will Eurer Tochter ein treuer Gatte sein.« Doch der Schmied schäumte: »Scher dich zum Teufel, du Hungerleider. Mein Kind hat einen besseren als dich zum Manne verdient. Und den wird es auch bekommen.« Bald ging dem Alten die Puste aus. »Lauf nur, ja lauf und lass dich hier nicht mehr blicken.«

Till Eulenspiegel schüttelte den Kopf, dass die Schellen an seiner Kappe klingelten. Das hörte der Schmied und zornig rief er den Narren an: »Was kümmert dich das, komischer Vogel?« Eulenspiegel sprach: »Es ist doch immer die gleiche Leier. Wieder versteht ein Vater nicht, dass das Herz des Kindes anders spricht als sein Kopf. Ein wahrer Dickschädel, wie mir scheint.« Solche Worte hätte Bruder Listig fast teuer bezahlen müssen, denn der Schmied schleuderte den Hammer nach ihm. Eulenspiegel duckte sich und das Werkzeug fuhr krachend in die Werkstatt eines Schuhmachers. Nun trat auch dieser voller Zorn auf die Straße. Ein Wort gab das andere, bald flogen die Fäuste, doch Eulenspiegel war längst fort. Dicht beim Dominikanerkloster, suchte sich Till Eulenspiegel ein Plätzchen, wo er in Ruhe das Brot und den Käse verzehren konnte, die er eben auf dem Markt von seinem letzten Geld erworben hatte. Da erblickte er unter einer Weide den Jüngling, den der Schmied so schändlich verjagt hatte. Er setzte sich zu den Burschen und gab ihm Gelegenheit, einem offenen Ohr sein Leid zu klagen. »Ach, wären wir zwei nur allein, so könnten wir uns einfacher in unser Schicksal fügen.« Wie er dies meine, fragte Eulenspiegel den Burschen. »Sie trägt ein Kind unter dem Herzen«, sprach er, »man sieht es noch nicht, aber sie fühlt es.« Erführe dies der Schmied, er schlüge seine Tochter tot, sagte der Jüngling.

»So bleibt euch beiden nichts, als zu heiraten und hernach andernorts ein Nest für die Familie zu bereiten«, sprach Eulenspiegel. Der Bursche erwiderte: »Doch wer soll diesen Akt vollziehen? Hier ist kein Geistlicher, der sich solches getraut.« Nun war Till Eulenspiegel weit herumgekommen und hatte vielerorts Pfarrer und Mönche erlebt, die sehr wohl in Fälle wie diesen helfen würden. Nein, winkte der Jüngling, solche gebe es in Neu-Ruppin nicht. »Ach, wäre Pater Wichmann noch unter uns, der hätte es gewagt«, meinte der Bursche schließlich. Solchen Namen hatte Eulenspiegel noch nicht gehört und so bat er um Erklärung. Dieser Pater habe im Städtchen Wunder bewirkt, sei über den See gegangen und den Bedrängten eine Stütze gewesen, berichtete der Jüngling. Mancher Gläubige wollte Pater Wichmann sogar noch gesehen und von ihm Hilfe empfangen haben, als dieser längst ins Himmelreich eingezogen war. Da ward Bruder Listig hellhörig und sprach. »Dann sage mir rasch, wer der ängstlichste aller Priester ist, die hier in der Klosterkirche Gottesdienst halten dürfen.«

In der Nacht schreckte ein Priester auf, vernahm er doch eine Stimme, die seinen Namen rief, und Gesang wie von Engeln. Licht erfüllte mit einem Mal sein Schlafgemach und ein Schemen trat zu ihm und sprach ihn an. Wie er einst die bedürftigen Menschen in Neu-Ruppin beschützt habe, so solle nun er zwei Bedrängten zur Seite stehen, sagte die Stimme. »Ihr seid Pater Wichmann«, sprach der Priester und zitterte am ganzen Leibe. »So sei es, was du siehst«, fuhr die Stimme fort, »nun aber eile dich. Du findest in der Kirche alles gerichtet.«

Rasch tat sich der Priester sein Gewand an und strebte nach der Kirche zu. Wie ihm die Stimme geheißen, ward dort alles vorbereitet, und so wunderte es ihn nicht, dass Kerzen brannten, die Orgel spielte und ein Chor holder Maiden fromme Lieder sang. Am Altar standen eine junge Frau und ein junger Mann und baten den Geistlichen, ihrem Bund den Segen zu spenden. Dass es gute Freunde des Paares waren, die der Bursche und Bruder Listig eingewiesen und in die Kirche bestellt hatten, das mochte der Priester nicht einmal ahnen. Er führte aus, wie er es bei Hochzeiten stets tat, auch wenn es ihm nun schien, als träume er. Unter allen anderen war verabredet, dass keine Sterbensseele je erführe, wie es zu dieser Hochzeit gekommen war. Doch beinahe hätte ein Nachtwächter alles Bemühen zunichte gemacht. Dem waren der Kerzenschein und der Gesang zur mitternächtlichen Stunde merkwürdig erschienen. Er trat in die Klosterkirche, sah den Engelschor und den Geistlichen im Widerschein beim Altar. Eben wollte er seine Stimme erheben, da trat die große Gestalt auf ihn zu. Nur den Schemen sah er: »Wehe dir, du berichtest jemandem, was du hier gesehen hast. Wenn du es tust, wird es dir schlecht ergehen.« Der Nachtwächter erschrak und eilte aus der Kirche hinaus.

Der Mann bangte um sein Leben, also schwieg er. Doch lastete das Erlebte so sehr auf seiner Seele, dass er wunderlich wurde und sein Weib auf ihn eindrang. Es wollte erfahren, was ihn belastete. Ein paar Tage hielt er stand, dann entfuhr es ihm: »Ich habe zur Mitternacht in der Klosterkirche Pater Wichmann gesehen, wie er mit den Engeln das Kyrie sang.« Erst schwieg das Weib, dann hob es ein fürchterliches Geschrei an: »Schämst du dich nicht, das Gedenken an den guten Pater in den Schmutz zu ziehen. Du warst mal wieder im Krug statt auf der Hut, hast gezecht statt gewacht und weil dir nichts Besseres einfällt, tischt du mir eine Lügengeschichte auf.« Nie wieder hat der Nachtwächter davon erzählt.

Till Eulenspiegel nahm die jungen Eheleute noch in der Nacht der Hochzeit mit sich. Im Städtchen Berlin, das wusste er, konnte man tüchtige Schmiedegesellen bestens gebrauchen.

Wie Till Eulenspiegel dem Fürsten in der Potsdamer Burg eine saftige Lüge auftischte

Einst war es, als die Havel an bestimmten Tagen hinauf- statt hinunterfließen konnte, da lebte auf der Potsdamer Burg ein fürwahr wunderlicher Fürst. Sagte er hü, meinte er hott. Hatte er Durst, rief er nach Speise. War er müd', lud er zum Tanze. Nun war er aber auch einer, der alles glaubte, was man ihm sagte und erzählte. Dazu muss man wissen, dass die Lüge damals noch in jedem Hause einen warmen Platz am Ofen hatte.

Da kam es dem Potsdamer Fürst in den Sinn, demjenigen seine Tochter zum Weibe zu geben, der ihm etwas sage, was er nicht glauben könne. Zuerst hörte dies ein Bursche aus dem Kietz bei der Burg. Der erzählte dem Fürsten, er habe einen Fisch aus der Havel gezogen, der an der breitesten Stelle des Flusses steckengeblieben sei, weil er so groß war. Das glaubte der Fürst. Einer von Groß Kreutz wollte ihm weismachen, dass er Hühner kenne, die Eier legten so groß wie Kühe. Auch das glaubte der Herrscher. Aus Nowawes kam ein Freier daher, der tat dem Fürsten kund: »In fernen Tagen errichten Menschen aus kaputten Häusern einen Berg zwischen Eurem Schloss und dem Flusse, der höher ist als alles andere ringsherum.« Das glaube er sofort, sprach der Fürst in einer Gewissheit, als sei er eben erst aus benannter Zukunft zurückgekehrt.

Nun muss man wissen, dass das Gebaren des Fürsten gar nicht im Sinne seiner Tochter war. Gewiss, seine Marotten mochte sie als wunderlich abtun und sich insgeheim darüber amüsieren. Doch dass sie einen Burschen zum Ehegesponst bekommen sollte, nur weil dieser ihren Vater mit einer guten Lüge beeindrucken konnte, das ging der jungen Frau dann doch zu weit. Obendrein brauchte niemand Brautschau zu halten für die Maid, längst hatte sie einen Liebsten und sich diesem versprochen. Und eigentlich wäre der sonderliche Ausscheid des Fürsten eine treffliche Gelegenheit, die Liebe auf feste Füße zu stellen. Doch bei allen Vorzügen, die der junge Mann aus armem, aber gutem Hause mitbrachte: Vom Leder zu ziehen und mit spitzer Zunge ein scharfes Wort zu führen oder gar schwindelnde Hirngespinste zu ersinnen, das lag diesem Burschen wahrlich nicht.

Wie die Maid mit dem Liebsten eines Abends heimlich am Fischerkiez saß und über ihr Leid klagte, führte die Strömung einen Kahn die Havel hinauf. Das Boot stieß gegen den Steg, auf dem das jammernde Paar saß. Was erschraken die jungen Leute, als sich eine Gestalt daraus erhob, sich reckte und streckte, und in seiner bunten Gewandung fürwahr seltsam aussah. Einen wie Till Eulenspiegel hatten sie noch nicht gesehen. Eigentlich war Bruder Listig in Werder in den Kahn gestiegen, um sich nach Brandenburg fahren zu lassen. Wie er an Land gekommen war, sah er in die betrübten Gesichter und wunderte sich sehr. So und so sei das, erklärte die Maid ihr Schicksal. Eulenspiegel dauerte das Leid der beiden sehr, so hieß er sie, ihm erst einmal eine gebührliche Mahlzeit und einen Krug gutes Bieres zu gewähren. Er wisse Rat, doch so lange seine Magen dermaßen laut knurre, könne er nichts Gutes ersinnen. Die Fürstentochter ließ sich nicht lumpen. Hernach bat Till Eulenspiegel den Jüngling um dessen Gewand und hieß ihn, morgen zur Mittagsstunde wieder zur Stelle zu sein. Der Maid riet er, ihrem Vater am nächsten Tag nicht von der Seite zu weichen und zu tun, was sie eben besprochen hatten.

Anderntags trat Till Eulenspiegel in den Kleidern des jungen Burschen vor den Fürsten. Er komme eigens, dem hohen Herrn eine saftige Lüge aufzutischen. Der Fürst war es mittlerweile leid, sich von Leuten aus allen Weltgegenden Geschichten vortragen zu lassen, die ihm allesamt glaubhaft schienen. So wollte er die Freier um die Hand seiner Tochter befleißigen, ihren Vortrag mit dem nötigen Ernst zu versehen. Zu dem Burschen, der nun vor ihn stand, sprach er also: »Zwei Mal kann er mir etwas sagen, was ich glaube. Ist es beim dritte Male noch nichts Unglaubhaftes, so lasse ich ihm den Kopf abschlagen.«

»Ich will mein Glück versuchen«, sprach Till Eulenspiegel und hob an: »Ich ging in der Fremde einmal auf das Feld und baute mir Bohnen an, denn ich wollte tagsdrauf eine gute Suppe kochen. Siehe da, die Saat ging auf und wuchs, hastenichgesehn, so hoch wie der Turm Eurer Burg.«

Der Fürst nickte: »Das glaube ich ihm.«

Der Bursche fuhr fort: »Nun wollte ich ja Bohnen für meine Suppe, also kletterte ich die Pflanze hinauf, gleichwohl sie immer weiter wuchs, bis in den Himmel hinein. Als ich oben war, sah ich Städte und Dörfer, Wiesen und Wälder, Berge und Täler, Bäche und Flüsse. Ich erntete von den Bohnen und wollte eben wieder herunter, da rutschte ich aus, stürzte hinab und fiel 20 Fuß (ja, sechs, sieben Meter sind gemeint, H. H.) tief in die Erde hinein. Darüber erschrak ich sehr. So schnell ich konnte, lief ich zu einem Bauern, borgte einen Spaten und grub mich mit viel Mühe aus dem Boden heraus. Die Bohnen habe ich erst am nächsten Tage gekocht, so müde war ich.«

Den Fürst beeindruckte auch diese Rede nicht. Er sprach: »Auch das glaube ich ihm.«

Till Eulenspiegel erwiderte: »Ich bin ja mit meiner Geschichte noch nicht am Ende. Kaum hatte ich wieder Kraft und Besinnung, stieg ich an der Bohnenpflanze wieder in den Himmel hinein. Ein Jahr dauerte dies. Doch der Blick entlohnte mich für alle Mühen. Denn die Englein umgarnten mich wohl und verköstigten mich fein. Schönste Lobgesänge stimmten wir gemeinsam an auf den Schöpfer. Ich sah alte Bekannte und gute Freunde. Sie waren alle mit den schönsten Kleidern angetan und fuhren in silbernen Kutschen herum. Ach, wie ging mir das Herze auf, als ich meine lieben Eltern sah. Sie saßen in einem goldenen Wagen und fuhren spazieren. Ich ging weiter und erblickte denn auch Euren Vater und Eure Mutter, verehrter Fürst, doch o weh, sie waren in Lumpen gehüllt und mussten Schweine hüten.«

Da sprang der Herrscher auf und schrie: »Das ist nicht wahr, das hat er nicht gesehen.« Aber Till Eulenspiegel fuhr fort: »O ja, ganz gewiss habe ich das gesehen.«

Dem Fürsten schwoll der Hals, so wütend war er: »Das lügt er, der unverschämte Bursche.« Eben wollte er seine Wachen rufen, da sprang die Tochter hervor und warf sich dem Jüngling an den Hals. »Er hat gewonnen, er soll mein Gatte sein«, rief die Maid, auf dass es alle vernahmen. Da erst wurde dem Potsdamer Fürsten gewahr, dass er tatsächlich etwas nicht glauben konnte, was ihm jemand gesagt hatte. Die Maid hieß den Burschen, sich zu eilen und die frohe Kunde zu seiner Familie zu tragen. Am Abend sei diese in die Burg eingeladen. Rasch lief Till Eulenspiegel hinaus und zur besprochenen Stelle unten am Fluss. Der Jüngling harrte seiner bereits, um die Gewänder zu tauschen.

So bekam der arme Bursche die Fürstentochter zur Frau. Die Potsdamer Burg ist längst untergegangen, aber an manchen Tagen scheint es wirklich so, als würde die Havel zur Quelle zurückfließen.

Wie Till Eulenspiegel einmal einen Stellmacher aus dem Tal des Trübsals führte

Mitten im Städtchen Potsdam waren einmal ein Stellmacher und seine Tochter, die hatten sich nicht mehr viel mehr zu sagen, und wenn, dann herrschte er sein Kind grob an. Seit der Schnitter im Hause des Stellmachers reiche Ernte gehalten und den kleinen Sohn und das gute Weib des Mannes geholt hatte, war er ein anderer. Gewiss, er verrichtete seine Arbeit in gebotener Güte. Gleichwohl sprach er mit keinem Menschen ein Wort, das über das Maß des Geschäftes hinausging. Schlimmer noch: Der Gram ob des Verlustes hatte ihn so heftig gepackt, dass er sich gehen ließ. Oft wandte er sich nach getaner Arbeit der Schenke zu und ersäufte die Trauer in Bier und Wein.

Man kann sich denken, dass dies seiner Tochter weiteren Kummer bereitete. Nicht allein, dass sie Mutter und Bruder verloren hatte. Nun ward auch der Vater auf bestem Wege, sich in den kühlen Grund hinabzubegeben. Alles Bemühen, ihn zu erfreuen, ihm frischen Mut zu geben, ward vergebens. Sie solle sich um den Haushalt scheren und die Tiere versorgen, wies er das Kind rüde an. Doch nicht einmal für sich selbst durfte die junge Frau für Frohsinn sorgen. Er vergönnte es ihr nicht, verbot ihr, das Haus zu verlassen und sich zu anderen Leuten zu gesellen. Zogen die anderen Maiden an manchen Abenden zum Tanze fort, zum Vergnügen mit jungen Burschen, saß des Stellmachers Tochters in der Stube und weinte still.

Wie nun Till Eulenspiegel durch das Brandenburger Tor mit einem Pferdewagen einfuhr und Hilfe wegen eines angebrochenen Rades suchte, wies man ihm den Weg zu besagtem Stellmacher. Dieser sei ein guter Handwerker, aber man solle ihm nicht zu nahe treten und erst recht nicht nach dem Wohlergehen des Weibes fragen. Eulenspiegel wunderte sich ob solcher Ratschläge, fragte aber nicht und wandte sich der Werkstatt zu.

Herinnen saß der Stellmacher, beschäftigt mit allerlei Gewerk. Till Eulenspiegel trat ein, entrichtete brav die Tageszeit und wollte dem Handwerker eben freundschaftlich auf die Schulter klopfen, da roch er, wovor man ihn gewarnt hatte. Der Mann stank gar gräulich, als habe er sich vor einer Woche eingeschissen und seither nicht gewaschen. Solches hatte Eulenspiegel noch nie gerochen und ihm ward schwindelig vor Übel. Rasch rief er dem Stellmacher sein Begehr zu und eilte ins Freie.

Wie er vor der Türe stand und wie irr nach Luft schnappte, steckte ein junges Weib aus dem Fenster über ihm den Kopf hinaus. »Du bist ein mutiger Kerl«, sprach es. Till Eulenspiegel schaute ins Antlitz einer Frau, die in voller Blüte stand, dies aber zu verbergen trachtete. »Weil ich gewagt habe, in diesen Höllenschlund zu kriechen?«, fragte er. Sie lächelte schüchtern und fuhr fort: »Ich habe lange keinen gesehen, der so lange in der Werkstatt war.« Wie der Narr nun nach der Ursache fragte, gab ihm die Maid Bericht. »Und nichts mag ihn auf den Platz der Freude zurückführen?«, fragte Eulenspiegel, als sie geendet hatte. Traurig schüttelte die Tochter den Kopf.

Ihn dauerte das Schicksal der beiden. Wenn ein kluges, hübsches Mädchen wie diese Tochter es nicht mit guten Worten vermochte, den Vater zu bekehren, dann konnte auch kein anderer den Stellmacher überzeugen. So musste sich Bruder Listig seines Handwerkes besinnen. Aus dem Buch der Heiligen Hildegard wusste er, dass Süßholz helfe, allerlei erregte und wütende Gemüter zu besänftigen. Es war nicht leicht, sich in diesem Städtchen eine Süßholz-Wurzel zu beschaffen, doch er hatte Glück.

Still schlich er damit zum Hause des Stellmachers und hieß die Tochter, die Wurzel fein zu raspeln und das Pulver heimlich unter die Abendspeise zu rühren. Gleiches solle sie mit dem Brei machen, den sie dem Vater am kommenden Morgen be-

reite, und so eine Weile mit dem Essen immer fort. Bald werde sie merken, wie sich bei ihm die Sorgenfalten glätteten und der düstere Blick lichtete. »Doch Vorsicht«, mahnte Till Eulenspiegel, »werde nicht übermütig und überfalle ihn mit diesem und jenem. Wecke keinen Verdacht. Sei ihm eine gute, freundliche und verständnisvolle Tochter und lass geschehen, was passieren wird.«

Ohne Worte nahm der Stellmacher an diesem Abend das Mahl zu sich. Anderntags, er hatte eben den ersten Löffel Brei im Munde, da sah er auf und lobte die Speise. Der Maid schien, dass der Vater mit jedem Löffel froher wurde, und wie er die Schale abgesetzt und sich erhoben hatte, wünschte er seinem Kind einen guten Tag. Das hatte er seit dem Tode von Weib und Sohn nicht mehr getan. Am Abend fragte er gar nach dem Wohlergehen der Tochter und am nächsten Morgen bat er sie, sie möge ihm einen Zuber mit heißem Wasser bereiten. Ihm sei der eigene Geruch unwohl geworden. Wie Eulenspiegel sie geheißen hatte, drang die Tochter nicht auf den Vater ein, folgte nur seinen Worten und ließ alles geschehen.

Es mochten einige Tage vergangen sein und Till Eulenspiegel kam auf dem Rückweg von hier nach dort wieder durch Potsdam. Nun wollte er sehen, ob das Süßholz die gewünschte Wirkung entfaltet hatte. Unter dem Vorwand, der Stellmacher müsse doch noch einmal nach den Achsen sehen und die Schürze am Wagen richten, trat er in die Werkstatt ein und staunte sehr. Freundlich kam ihm der Meister entgegen, in frischer Gewandung, frei von üblen Gerüchen und mit offenen Augen. Wie der Stellmacher nun die aufgetragenen Aufgaben verrichtete, stahl sich Eulenspiegel zur Maid. Die fiel dem Narren um den Hals und weinte, nun aber vor Freude. So und so habe es sich zugetragen, berichtete die junge Frau. Als sie voneinander schieden, reichte das Mädchen Bruder Listig einen Beutel. »Ich habe eine neue Wurzel besorgt, führ sie bei dir und hilf damit anderen Leuten aus dem Tal des Trübsals.« In der Furcht, der Vater könne in alte Gewohnheiten zurückfallen, hatte die Tochter auch immer etwas Süßholz im Haus.

Wie Till Eulenspiegel die Rabensteiner Ritterstochter in die Freiheit führte

An einem heißen Frühsommertage kehrte Till Eulenspiegel in Raben ein, einem Dörfchen mitten im Hohen Fläming. Er war lange gelaufen und wünschte sich nichts sehnlicher, als ein paar Stunden zu ruhen, hernach etwas zu speisen und einen kühlen Trunk zu genießen. Der Krüger sprach: »Fasst mit zu, Fremder, helft, den Platz zu richten für den großen Tanz. So will ich Euch den Wunsch gern gewähren.« Das musste man Eulenspiegel nicht zwei Mal sagen. Also trug er, schleppte er, richtete er und tat, was man ihm sonst noch geheißen. Es war dies die Johannisnacht, die kürzeste Nacht des Jahres, die Sommersonnenwende, die es zu feiern galt. Gerade die jungen Leute hatten ihren Spaß, sei es beim Tanzen oder beim Necken.

Wie alles getan war, zahlte der Wirt den Narren aus, gab ihm reichlich zu essen und zu trinken. Till Eulenspiegel suchte sich eine ruhige Stelle, etwas abseits vom Festplatz gelegen, um sein Mahl zu genießen. Mit froher Miene sah er, wie sich der Platz nach und nach füllte, wie Gelächter und Geplapper anschwollen und sich die Hände zum Tanzen fassten, kaum dass die Musikanten mit ihrem vergnüglichen Spiel begonnen hatten. Wie er so schaute, da fiel ihm eine Maid besonders ins Auge. Ihr blondes Haar leuchtete weit, ihr Gewand stach aus den simplen Gewändern der Bauersleute heraus. Dieses Mädchen musste gerade erst gekommen sein, dessen war sich Eulenspiegel gewiss. Augenscheinlich kam sie nicht aus dem Dorf.

Nun war die Neugierde einer seiner steten Begleiter. Folglich wollte sich Till Eulenspiegel das zarte Wesen näher betrachten. Bald genügte es ihm nicht, sie beim Tanze zu besehen. Er sprang dazu, reihte sich unter die Burschen, und schon war er der Holden so nah wie nie. Als sie seine Hände griff, war es, als habe ihn ein Zauber gefangen genommen. Ihre Augen strahlten lichter als die Sonne, ihre Stimme floss wie Honig in seine Ohren, ihre sanften Finger schmeichelten seine rauen Pranken. Er wusste nicht, wie lang dieser Moment währte, aber er schien ihm eine Ewigkeit.

Und da war er auch schon vorbei und Till Eulenspiegel blieb wie vom Donner gerührt inmitten der tanzenden Menge stehen und starrte stier wie ein tumber Depp. Erst als ihn ein Paar im Überschwang anstieß, kehrten seine Sinne zurück. »Ich bin verloren«, sprach er bei sich. »Ich habe eben mein Herz an dieses wunderbare Wesen verloren.« Er musste sich der Holden offenbaren, rasch, ehe es ein anderer Bursche tat, und der Platz war voll von stattlichen Kerlen. Wie sich Eulenspiegel aber umsah, nirgends entdeckte er die Schöne. War er zu spät gekommen? Hatte sie sich einem anderen versprochen und war mit ihm gegangen? Wo er auch schaute, keine Spur führte ihn zu ihr.

Da schlugen die Kirchenglocken zur Mitternacht, von der Burg Rabenstein hoch über dem Dorfe erschallten die Hörner. Sie waren kaum verklungen, da vernahm Till Eulenspiegel hinter einem Holunderbusch ein Wimmern und Weinen. Da entdeckte er die Schöne, aber: Sie war nicht allein. In ihren Armen lag eine junge Maid und weinte mit ihr. »Was habt ihr?«, fragte Eulenspiegel. Die jungen Frauen erschraken und lösten sich voneinander. Der Narr suchte sie zu beruhigen. »Ach«, jammerte die Blonde, »nun ist zu spät. Ich kann nicht heimkehren, die Burg ist zu. Mein grausamer Vater wird überall nach mir suchen lassen, mich finden und auf ewig im Turm einsperren. So hat er es immer gedroht.« Die da saß und weinte war Rosemarie, die Tochter des Rabensteiner Ritters. »So oft habe ich mich heimlich ins Dorf gestohlen, um bei meiner Liebsten zu sein.« Eulenspiegel muss eine dämliche Miene gezogen haben. So setzte sie nach. »Ihr habt recht gehört. Gertrude und ich sind sehr einander zugetan.«

Gewiss, solches Gebaren hatte Till Eulenspiegel schon aus Frauenklöstern gehört. Aber dass ausgerechnet ein holdes

Weib, an das er eben sein Herz verloren hatte, ihm nun auf solche Weise gänzlich unerrreichbar wurde, das war auch für einen weitgereisten und weltgewandten Narren einfach zu viel. Gleichwohl dauerten ihn die beiden hübschen Geschöpfe, die da eng umschlungen im Grase saßen und jammerten, weder ein noch aus wussten. »Ach Gertrude«, klagte Rosemarie, »so werden wir erst im Paradies unseren Frieden finden.«

Da sprang Eulenspiegel auf. »Ihr wollt doch nicht ...« Vier traurige Augen schauten ihn an. »Aber was bleibt uns denn?«

Bruder Listig wusste, dass auf der Straße nach Wittenberg oft Beginen unterwegs waren. Er sollte recht behalten. Noch am Tage nach dieser Nacht fanden die jungen Maiden Zuflucht bei fahrenden Beginen, zogen mit ihnen nach Mittag zu fort und waren in Raben nie wieder gesehen.

Als der Ritter auf Rabenstein am Morgen das Schlafgemach seiner Tochter leer fand, tobte er fürchterlich. Allein, dies brachte ihm sein Kind nicht zurück. Er ließ jeden Winkel der Burg durchsuchen. Dann hieß er seinen Vogt, in Raben und anderen Orten ringsum nach dem Verbleib Rosemaries Erkundigungen einzuholen, aber in einer Weise, dass keiner erführe, dass sie nicht mehr auf der Burg war. Doch kehrte der treue Diener nach zwei Tagen ohne Nachricht zurück. Wohl aber war er ein kluger Berater und wusste, seinen Herrn vor dem Spott zu bewahren.

Der Burgvogt hatte erfahren, dass Rosemarie in der Johannisnacht beim Tanz im Dorfe zugegen gewesen war. Schon vor Mitternacht habe sie niemand mehr gesehen. Also verfiel der gute Verwalter und brave Berater auf eine List: Er ließ alle wissen, dass Rosemarie zur Strafe für das heimliche Entschwinden ins Dorf in den Turm verbannt worden sei, für jedermann unsichtbar und auf ewig. Ihr werde Leinen gegeben, aus dem solle sie zwölf Hemden nähen. Jedoch dürfe sie nur alle 50 Jahre einen einzigen Nadelstich machen. Gelinge es ihr, die Hemden fertig zu nähen, sei ihre Strafe erlassen und sie komme wieder frei.

Weiter spann der Vogt die Mär: Nur jener kühne Bursche könne das Mädchen erlösen, dem es gelänge, an der Außenmauer des 30 Meter hohen Turmes ohne jegliche Hilfsmittel hinaufzuklettern und Rosemarie zu befreien.

Bis heute ist es keinem gelungen. Täglich um Mitternacht zieht sie traurig durch die Burg. Einmal im Jahr, in der Johnnisnacht, steigen ihre Ahnen auf, versammeln sich mit Rosemarie in der Burgkapelle, um ihr immer aufs Neue ihre Sünden vorzuhalten.

So etwas glaubt und erzählt man auf Rabenstein im Hohen Fläming bis heute und allen Ernstes immer noch.

Wie Till Eulenspiegel in Rathenow eine Maid lehrte, ihre Verehrer nie wieder zum Narren zu halten

Die über alle Maßen hübsche Tochter eines Rathenower Ackerbürgers hatte viel Freude daran, ihre zahlreichen Verehrer immerfort zu narren. Mochte ihre Mutter schelten, es focht das Kind nicht an. Einmal ging das Mädchen so weit, dass es an einem Abend derer drei Burschen zu sich bestellte – den ersten um acht, den nächsten um neun und den dritten um zehn Uhr am Abend.

Wie der erste erschien, tat die Maid, als weine sie bitterlich. Der Jüngling wollte sie trösten und fragte nach der Ursach'. Da hob das Mädchen an: »Bei der Beichte hat mir der Pfarrer eine schwere Buße auferlegt. Ich muss die ganze Nacht allein im kalten Beichtstuhl sitzen. Davor habe ich solche Angst.«

Der Bursche sprach: »Und wenn ich an deiner statt dort säße?« Die Maid lächelte: »Das würdest du für mich tun?« Gewiss doch, erwiderte der Jüngling, wo sie doch hernach sein Weib werde. Stimme sie dieser Bedingung nicht zu, trete er nicht für sie ein. Doch das Mädchen gab ihm das erhoffte Versprechen, und so ging er hin, die Nacht im Beichtstuhl von St. Marien-Andreas zu verbringen.

Um neun erschien der nächste Verehrer. Wieder weinte die Maid und berichtete von einer Buße. Der Pfarrer verlange von ihr, zur Vergebung ihrer Schuld eine Nacht auf der Totenbahre hinter dem Altar zu liegen. Auch diesem Burschen gelobte sie die Ehe, wenn er ihr die Pein erspare und an ihrer Stelle Buße tue. Gern eilte der Jüngling der St. Marien-Andreas-Kirche entgegen.

Dem dritten Burschen erging es nicht anders. Seine Aufgabe für das Heiratsversprechen war es, eine Nacht mit den schweren Büßerketten an den Füßen in der Kirche zu verbringen. Weil die Liebe Flügel verleiht, überwand auch dieser Jüngling seine Furcht und nahm die Bürde gern auf sich, wollte er seinem künftigen Weibe doch zeigen, wie er es vor Ungemach zu schützen im Stande war.

Um die elfte Stunde war es wohl, als sich das Mädchen aus dem elterlichen Hause stahl. Wohl war ihm nicht so recht, doch wollte es hören, wie sich ihre Verehrer in der Kirche machten. Wie die Maid auf die Straße trat und sich umsah, erblickte Till Eulenspiegel sie. Er war erst am Morgen nach Rathenow gekommen und suchte nun einen warmen Stall für die Nacht. Das Gebaren des Mädchens dünkte ihn sonderbar, so folgte er der Maid.

In der stockfinsteren Kirche wurde den drei Burschen himmelangst. Das Knarren des Beichtstuhls, das Rasseln der Ketten und das Ächzen der Totenbahre waren gewiss nicht angetan, die erregten Gemüter zu besänftigen. So hatte es die Maid gewollt, und wie sie die unheimlichen Geräusche vernahm, freute sie sich und meinte gar, das Klappern der Zähne ihrer drei Verehrer noch zu vernehmen. Leise schlich das Mädchen um die Kirche herum, lauschte hier und horchte da. Eulenspiegel kam dieses sehr seltsam vor. Also schlich er sich in die Kirche hinein und suchte zu ergründen, woher die unheimlichen Geräusche kamen. Rasch wurde er gewahr, dass drei verliebte Narren einer Maid auf den Leim gegangen waren. Ihn dauerten die Burschen sehr, und er beschloss, sie von ihrer Pein zu befreien.

Derweil strich die Maid wie eine Katze um St. Marien-Andreas. Zum Knarren des Beichtstuhls, dem Rasseln der Ketten und Ächzen der Totenbahre mischten sich nun allerdings andere Geräusche. Hier jammerte es, dort drang ein Stöhnen hervor, und da klang es, als erstickte einer.

Es währte nicht lang und die Töne erstarben. Still war es, nicht einmal das Knarren, Rasseln und Ächzen hörte die Maid. Da verging ihr das diebische Grinsen und sie machte, dass sie heim kam.

Am anderen Morgen verbreitete sich die Kunde vom Tod der drei Burschen im Städtchen. Der Küster habe sie gefunden, als er die Pforte aufschloss, hieß es. Sie müssten eines grausamen Todes gestorben sein, war man sich gewiss, denn die Jünglinge hätten schmerzverzerrte Gesichter gehabt. Als die hochnäsige Maid dies erfuhr, erschrak sie zutiefst.

Am Abend zur achten Stunde klopfte es an das Fenster, hinter dem die Schlafstube des Mädchens lag. Es öffnete und erblickte den Jüngling, dem sie sich am Vortage zuerst versprochen hatte. Bleich war er, sein Gewand zerrissen, und mit zittriger Stimme sprach er: »Ich habe mein Wort erfüllt, nun ist es an dir, deines zu halten. Auch im Reich der Toten sind wir vereint.« Das Mädchen schrie aus voller Kehle. Die Eltern stürzten herbei. Doch bekamen sie keine Erklärung für den Aufruhr ihrer Tochter. So legten sie sich wieder ins Bett. Die Maid konnte kein Auge schließen.

Um neun klopfte es wieder an ihr Fenster. Sie wagte kaum aufzusehen. Wie von Geisterhand tat sich das Fenster auf und der Bursche, dem sie sich als nächste versprochen hatte, blickte zu ihr hinein und sprach: »Ich habe mein Wort erfüllt, nun ist es an dir, deines zu halten. Auch im Reich der Toten sind wir vereint.« Wieder schrie die Maid, wieder eilten die Eltern herbei und bekamen keine Erklärung. Kaum waren die Eltern fort, räumte die Maid vor das Fenster, was sie nur finden konnte. Ahnte sie doch, was noch kommen sollte.

Und so kam es auch. Zur zehnten Stunde klopfte es. Die Maid sah nicht auf. Doch nun trat der, dem sie sich zuletzt versprochen hatte, durch die Kammertür ein und sprach: »Ich habe mein Wort erfüllt, nun ist es an dir, deines zu halten. Auch im Reich der Toten sind wir vereint.« Das Mädchen schrie, wie es eine Maid wohl noch nie getan hatte. Doch die Eltern scherten sich nicht und besprachen sich, das Kind für diese Störungen am nächsten Tag zu bestrafen.

Dem dritten Burschen folgten die beiden anderen, wie Geister schwebten sie in die Kammer. Zwei ergriffen die Maid, der dritte hielt ihr den Mund zu, auf dass niemand ihre Schreie vernahm. Sie fiel in Ohnmacht. So trugen sie das Mädchen aus der Kammer, aus dem Haus, durch die dunkle Stadt und zum Kirchhof von St. Marien-Andreas hin. Dort legten sie den Leib zwischen die Gräber.

Der neue Tag war kaum angebrochen, da fand man das Mädchen auf dem Gottesacker. Mehr und mehr Menschen scharrten sich um sie und besahen sie, als sei sie eine Aussätzige. Die Maid lief nach Hause, so schnell sie ihre Beine trugen. Sie wollte eben das Heim betreten, da kamen die drei Burschen heran, frisch und munter. Und fragten unverzagt, ob sie am Abend bei ihr wieder vorstellig werden dürften.

Das Mädchen hat nie wieder einen Burschen an der Nase herumgeführt. Ob es je geheiratet hat, weiß kein Mensch.

Wie Till Eulenspiegel einem Rheinsberger Weib zur Liebe verhalf

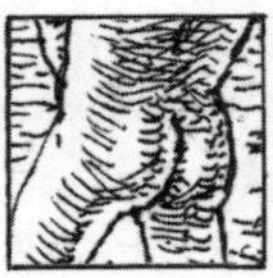

In einer klaren Nacht schlich sich Till Eulenspiegel aus dem Krug dicht bei der Rheinsberger Laurentius-Kirche und strebte nach dem Hof eines großen Bauern zu. Wie er es am Tage einer holden Maid versprochen hatte, wollte er ihr zur Nacht noch seine Aufwartung machen. Obendrein bot ihm dies eine günstige Gelegenheit, sein Haupt warm und weich zu betten. Eben wollte der Schelm den Hof überqueren, da trat der Altknecht des Bauern wie aus dem Nichts hervor. Angst stand ihm ins Gesicht geschrieben. Er packte den Narren am Arm, starrte wie irr in die Ferne und sprach: »Eile dich, unter ein sicheres Dach zu kommen. In dieser Nacht wird die weiße Frau über den See kommen und um Erlösung suchen. Dann holt sie sich wieder einen von uns. Eile dich.« Und schon war der Alte wieder in der Finsternis verschwunden. Der Schrecken war Eulenspiegel dermaßen in die Glieder gefahren, dass ihm bald jede Lust vergangen war, mit einem Mägdelein herzlich beieinander zu sein. Doch das Mädchen hatte vernommen, was eben auf dem Hof geschehen war. Es zog Till Eulenspiegel zu sich in die Kammer und herzte ihn so inniglich, dass ringsumher alles vergessen war.

Nun war dies eine laue Sommernacht, und wie es den Narren trieb, sich des Bieres zu entledigen, wähnte er sich sicher. Bar aller Kleider sprang er aus der Kammer auf den Hof nach dem Abtritt zu. Wie er das Bier von sich gab, raschelte es neben ihm und er fürchtete, der Altknecht könne ihn mit neuerlichen argen Prophezeiungen grämen. Doch es trat niemand hervor, wohl aber drang eine leise Stimme aus der Nacht: »He Knecht, wer bist du, dass du es wagst, nackt deiner Verrichtung nachzugehen?« Till Eulenspiegel kannte die Stimme wohl, es war dies die Bäuerin. »Ach Herrin«, sprach er, »erspart mir zum Schaden den Spott und betrachtet meiner nicht weiter. Im Krug habe ich beim Spiel alles verloren und mein Gewand obendrein.«

Um keinen Preis wollte er die Liebste seiner Nacht verraten, also suchte Bruder Listig sein Heil in der Täuschung. Doch die Bäuerin erwiderte: »Erzähl mir keine Ammenmärchen, ich habe doch gesehen, wie du eben aus der Kammer meiner Magd gestiegen bist.« Hätte Till Eulenspiegel eine Hose getragen, ihm wäre jetzt das Herz hineingerutscht. Nun galt es zumindest, die Ehre des Mädchen zu retten und er fuhr fort: »Bar jeder Münze hätte ich im Krug keine Herberge nehmen können, so hoffte ich, auf Eurem Hof eine Schlafstatt zu finden. Verzeiht, dass ich dabei versehentlich in die Kammer Eurer Magd geriet.« Die Bäuerin aber entgegnete: »Ich habe sehr wohl vernommen, welche Freude du meiner Magd bereitet hast, also ergehe dich nicht weiter in solchen Geschichten.«

Sie reichte Eulenspiegel einen Umhang und hieß ihn, damit seine Scham zu bedecken. Solches Tun erstaunte den Narren sehr. Für gewöhnlich hatte man ihn in solchen Lagen stehenden Fußes vom Hof gejagt, mancherorts ihm gar die Hunde hinterhergehetzt. Spärlich bekleidet dankte er der Bäuerin und sprach: »Ich höre Trauer in Eurer Stimme. Was plagt Euch?« Die Bäuerin nahm tief Luft und sprach: »Wie ich die Freude meiner Magd vernahm, dachte ich an den Mann, der mir solche verspricht und nach dem es mich gelüstet.« Damit hatte sie gewiss nicht ihr Ehegesponst im Sinn. Der Bauer war ein grober Klotz, der nichts vom Sehnen eines feinen Weibes verstand und von Gefühlen schon gar nicht. Doch beim Dorfe Menz, fuhr die Bäuerin fort, da sei einer, der verstehe dieses sehr wohl.

Nun war es in Zeiten wie diesen für ein Weib nicht einfach, den Hof zu verlassen und heimlich über Land zu reiten. So oft hatte die Bäuerin an Plänen gesonnen, wie sie diesem Manne öfter begegnen könnte. Doch keine Idee erschien ihr klug genug, den Bauern und all die anderen Leute hinter das Licht zu führen. Dies und das habe sie bereits versucht, berichtete sie nun, stets ohne Erfolg. Till Eulenspiegel überlegte, dann fragte

er: »Wie ist es um den Aberglauben des Bauern bestellt?« Die Ahnung des Altknechtes hatte ihn eben auf etwas gebracht. »Oh« erwiderte die Bäuerin, »da ist er ganz fürchterlich. Lieber verleugnet er unseren Herrn Jesus Christus noch bevor der Hahn kräht, als dass er von solchen Irrungen ablässt.« Bruder Listig nickte und verstand.

Wie der nächste Vollmond anstand, hieß er die Bäuerin, sich in weiße Tuche zu hüllen. Selbst tat er sich ein Knechtsgewand so geschickt an, dass man meinen mochte, er habe keinen Kopf mehr. So gewandet nahm die Bäuerin auf einem Wagen Platz, Eulenspiegel setzte sich daneben, griff die Zügel und jagte das Fuhrwerk mit schrecklichen Rufen durch die Nacht. Wie die wilde Jagd ging es vom Hof, durch Rheinsberg und aus dem Ort heraus nach Morgen zu. Dem Altknecht hatte Eulenspiegel den Rat gegeben, in dieser Nacht besonders gut zu wachen. Das tat dieser in gewährter Weise und so gab es anderntags niemanden, der nicht von der unheilvollen Begegnung erfuhr. In der nächsten Nacht kehrte das gespenstische Gefährt von Mens her nach Rheinsberg zurück. Keiner wagte zu fragen, woher und wohin.

Immer wenn Till Eulenspiegel um die Zeit des Vollmondes in Rheinsberg weilte, war es ihm eine Freude, die Bäuerin auf besondere Weise spazieren zu fahren. Und das sollte auch sein Schaden nicht sein.

Wie Till Eulenspiegel versuchte, einen Senftenberger Schmied vor einem verhängnisvollen Fehler zu bewahren

Vor Zeiten gab es in Senftenberg am Steindamm einen Schmied, der hatte Hilfe und Beistand vieler fleißiger Hände. Begab er sich am Abend zu Bett, fand er am nächsten Morgen die angefangenen Arbeiten vollendet vor. Das mochten einfache Hufeisen sein oder aufwendige Gerätschaften, alles war anderntags so sauber und korrekt bearbeitet, dass es jedem Meister zur Ehre gereicht hätte.

Einmal hatte ihm ein Gutsherr ein altes Schwert gebracht, das der Schmied richten und schärfen möge. Wie gingen ihm die Augen über, als er das Schwert am Morgen so bearbeitet fand, wie es weit und breit nicht der beste Waffenschmied vermocht hätte. Erst meinte der Schmied, er wandele im Schlaf und habe die Arbeiten in der Nacht selbst zu einem guten Ende gebracht. Wie ihm aber sein Weib aufrecht bescheinigte, dass er ihr des Nächtens nicht von der Seite gewichen sei, musste es eine andere Erklärung geben. So legte der Schmied eines Abends ein paar begonnene Stücke in die Werkstatt und sich selbst hinter der Esse auf die Lauer. Kaum geschehen, kamen sie herbei: zwölf kleine Kerle, nackt vom Kopf bis zu den Zehen. Es waren dies die Ludki, wie man in der Lausitz die kleinen Leute oder guten Kobolde zu nennen pflegte. Mit Geschick und Eilfertigkeit ginge sie zu Werke. Nichts verdarben sie, jeder Griff saß, jeder Schlag passte. Und noch ehe das Zwielicht den neuen Tag ankündigte, war alles getan und die Ludki verschwanden so schnell, wie sie gekommen waren.

So ging es Woche um Woche, und der Schmied fand immer neue Aufgaben, die seine gutmütigen Helfer auf das Wunderbarste zu erledigen verstanden. Gerade wie es die Ludki verstanden, Eisen in Stahl zu wandeln und diesen so oft zu falten, dass daraus die schärfste und schmiegsamste Klinge wurde, das verwunderte den Schmied über alle Maßen. Es währte einige Zeit, bis er verstand, wie er sein Handwerk verrichten musste, um es den kleinen Leuten gleichzutun. Nun ließ sich mit Messern und Schwertern mehr Geld verdienen als mit schlichten Nägeln, Haken und Hufeisen. Der gute Ruf machte alsbald Runde und bald kamen die Kunden aus allen Himmelsrichtungen, um ihren Waffen diese Schmiedekunst angedeihen zu lassen.

Der Herbst hatte Einzug gehalten und mit ihm kamen die kalten Nächte. Wie der Schmied ein weiteres Mal heimlich die Arbeit Kobolde studierte, kam ihm der Gedanke, dass sie in all ihrer Nacktheit doch frieren müssten. Gewiss, bei der Arbeit und in der Werkstatt am Schmiedefeuer bedurfte es keiner Gewandung, so warm war es dort. Wie aber würden sich die Ludki fühlen, sobald sie die Schmiede verließen? Dies besprach der Schmied mit seinem Weibe. Auch dieser flog ein Frösteln über den Rücken und es sprach dem Ehegesponst zu, sich den kleinen Leuten mit guten Kleidern einmal dankbar zu erweisen. All ihr Wohlergehen bauten Schmied und Weib doch auf dem kunstvollen Vermögen der Kobolde, nun sollten sie endlich einmal eine kleine Anerkennung zurückerhalten. Das Weib ließ sich vom besten Gubener Tuch die vortrefflichsten Rollen geben, nähte einem jeden der zwölf ein Hemd, ein Wams, ein Mäntelchen. Auch Beinwickel aus feiner Wolle schuf die gute Frau. Schließlich hieß der Schmied einen Schuhmacher, ein Dutzend kleiner Schuhe aus gutem Leder zu bauen.

Alles war bereitet, und gleich in der nächsten Nacht sollten die fleißigen Kerlchen ihren Lohn bekommen. Der Schmied und sein Ehegesponst richteten eben den Tisch für das abendliche Mahl, da klopfte es an ihrer Türe. Davor stand ein fürwahr seltsamer Bursche, bunt gewandet, mit einer Eselskappe und Schellen an den Schuhen. Als Till Eulenspiegel stellte er sich vor und bat den Schmied um ein wenig Speis und Trank und die Erlaubnis, hernach auf dessen Boden die Nacht verbringen zu dürfen. Der freundliche Schmied hieß den Narren einzutreten und sich zu ihnen an den Tisch zu setzen.

Solche komischen Vögel landen selten in Senftenberg und so war der Schmied begierig zu erfahren, was Eulenspiegel schon in der Welt gesehen hatte. Bruder Listig wusste viel zu berichten, hatte er das Land der Sachsen und darüber hinaus umfänglich bereist. Oh, wie freute es den Schmied zu hören, dass Eulenspiegel in Frankfurt am fernen Main Prophetenbeeren feilgeboten habe und beim Papst in Rom gewesen sei. Neugierig, noch mehr zu hören, schenkte der Schmied immer wieder vom Wein und Biere ein. Wie der Schelm aber zu berichten wusste, er habe ein Pferd aus Kosten des dänischen Königs mit goldenen Hufeisen beschlagen lassen, da meinte der Schmied, nun den Narren übertreffen zu müssen. »Mag ja alles sein, wie du es erzählst, aber Helfer, wie ich sie habe, die hast du noch nicht gesehen, nicht beim Papst, nicht bei den Königen.«

Wie er das meine, fragte Eulenspiegel. Und so verriet der Schmied, wie ihm die Ludki hilfreich zur Seite stünden und weshalb sie die besten Waffenschmiede seien. Derlei Geschichten hatte Till Eulenspiegel schon mancherorts gehört. Gute Zwerge und Kobolde gab es schließlich nicht allein in der Lausitz, auch in Dänemark und in Polen hatte er davon gehört. Wie nun der Schmied aber kundtat, dass er den kleinen Leuten einmal eine große Freude bereiten wolle, da ward der Schelm hellhörig. Der Schmied wies auf die feinen Gewänder, die für die Ludki bereit lagen. Till Eulenspiegel sah bedenklich drein und sprach: »Wenn dir die kleinen Leute weiter treue Dienste leisten sollen, dann gib ihnen niemals Kleidung. All überall berichtet man, dass beschenkte Zwerge mit den Gewändern das Haus verlassen und nie wieder gesehen werden.« Der Schmied winkte ab: »Ach, glaub nicht so etwas. Die Zwerge haben gut gearbeitet, sie sollen auch mal gut verdienen.« Dann hieß er Eulenspiegel, sich zur Nacht zu betten. Ehe er selbst ins Bett kroch, legte der Schmied die zwölf Gewandungen in die Werkstatt.

Er war kaum fort, da trat Till Eulenspiegel aus der Deckung. Der Schmied war ihm solch ein guter Gastgeber, den wollte er

vor Schaden bewahren und davor, dass die Zwerge die Werkstatt verließen. Also nahm er die kleinen Kleider und verbarg diese hinter einem Holzstoß und legte sich auf dem Boden zur Ruhe. Wie aber staunte das Weib des Schmiedes, als sie das Treiben des Narren bemerkte. Erst meinte es, der Fremde wolle die feinen Kleider stehlen. Wie die Schmiedin aber sah, dass Eulenspiegel die Sachen nur versteckte, ließ sie ihn gewähren, Kaum war er fort, nahm die Frau die Kleidung wieder hervor und legte sie in der Werkstatt zurecht, wie sie es mit ihrem Ehegesponst besprochen hatte.

Am nächsten Morgen war der Schmied als erster auf den Beinen. Neugierig eilte er in die Werkstatt, um zu sehen, welche wundervollen Werke die Ludki ihm dieses Mal hinterlassen hatten. Doch o weh, nichts war gerichtet, nichts war geschmiedet. Die Arbeiten lagen angefangen auf den Tischen, wie sie der Schmied am Abend bereit gelegt hatte. Die neuen Kleider indes, die waren nicht mehr an ihrem Platze. Da fiel dem Schmied die Warnung des Narren ein und er hob ein großes Wehklagen an. Till Eulenspiegel kam rasch herbei. Als er sah, was geschehen, sprach er: »Eben das wollte ich verhindern und habe die Gewänder dort hinter dem Holz verborgen.«

Wie er an den Holzstoß trat, kam die Schmiedin herein und schimpfte: »Da brauchst du erst gar nicht zu suchen, da ist nichts mehr. Wolltest sie wohl selbst behalten und heimlich zu Geld machen, alter Gauner. Ich habe dich beobachtet, wie du die Kleider dort verborgen hast. So habe ich sie hervorgenommen und wieder an ihren Platz gelegt, damit die kleinen Leute ihren Lohn bekommen.« Doch wie erstaunte es das Weib, als sein Ehegesponst gar nicht glücklich war ob dieser Nachricht. Ihm ward bewusst, dass Eulenspiegel es nur gut gemeint und die Sachen deshalb vor den Ludki versteckt hatte. Und wie er nun erkennen musste, hatte der Narr recht gehabt mit seiner Warnung. Nie wieder wurden die hilfreichen Zwerge in der Schmiede am Steindamm gesehen. Doch wie man aus allerlei guten Sagenbücher weiß, sind sie an vielen anderen Orten aufgetaucht.

Wie Till Eulenspiegel in Spandau den Teufel bannte

Einst lebte in Spandau dicht bei St. Nikolai ein gottesfürchtiges Weib mit seiner Familie, das an bald jeder Ecke den Teufel sah. Gewiss, diese Frau war beileibe nicht die einzige, wohl aber hielt sich kaum eine andere Person weit und breit dermaßen gefangen im Glauben an den Bösen. Was ihr auch misslang, dem Gottseibeiuns gab sie daran die Schuld. Was ihr fremd erschien, nannte sie eine boshafte Verlockung des Gehörnten. Besonders arg wurde es aber, als ihre Tochter die Frucht einer Liebe unter dem Herzen trug. Da sich das Kind nicht getraute, den Beischläfer zu nennen, hob die Alte ein fürchterliches Geschrei an. Überall tat sie kund, der Satan habe ihre Tochter genommen. Alle guten Reden der Leute halfen nichts, die Frau wusste, was sie glaubte.

Am Tage der Niederkunft kleidete sie sich dunkel und verhängte die Fenster. Kaum war das Kind geboren, rief die Alte aus: »Nun Gehörnter, komm' und hol' dein Balg.« Da öffnete sich die Tür und das Weib sah, wie ein großer Mann mit einem blauen Hut und einem Pferdehuf eintrat. Der Gestank von Schwefel kam mit ihm in das Häuschen. »Da bin ich, du hast mich gerufen, Alte.«

Das Weib wollte eben ihrer Tochter das Kind entreißen, da trat ein Mann in das Haus, gewandet wie ein Geistlicher. Besorgte Nachbarn hatten den Pfarrer von St. Nikolai gerufen, sorgten sie sich doch um die junge Mutter und das kleine Glück. Die Alte sprach: »Ehrwürdiger Vater, seht, Ihr könnt nichts mehr tun. Der Böse hat meinem Kind ein Balg in den Leib gepflanzt, nun holt er sich ab.«

Der Priester aber packte das hysterische Weib bei den Schultern und drückte es auf einen Schemel. »Hier ist niemand außer

uns, so beruhige dich doch.« Das Weib ließ nicht nach: »Seht doch, wie er da in der Ecke steht und grinst.« Der Priester sah in den bedeuteten Winkel der Kammer: »Da ist niemand.« Die Alte rief: »Aber ich sehe ihn doch, den Teufel, ich rieche ihn, ich fühle sein Hiersein mit jedem Glied meines alten schwachen Körper.«

Der Geistliche aber schüttelte den Kopf: »Es gibt keinen Satan. Es gibt einzig dein inbrünstiges Verlangen, ihn am Werke zu sehen. Das macht den Bösen für dich lebendig. Je mehr du ihn mit deinem Glauben an ihn stärkst, desto kräftiger erscheint er für dich. Aber nur für dich und all jene, die an den Teufel glauben.«

Da wunderte sich die Alte sehr, hatte sie doch solche Worte noch nie aus dem Munde eines frommen Kirchendieners gehört. »Aber das Kind, dessen Herkunft sich meine Tochter schämt, ist doch der Beweis eines Teufelswerkes.« Der Priester sah das Weib an: »Alle Leute hier ringsum wissen, dass das Herz deiner Tochter dem Böttchersohn gehört. Hätte dir dein Satan nicht den Blick verstellt, auch du hättest dies erkannt.« Man sagt, es habe seither nie wieder nach Schwefel in diesem Hause gerochen.

Zügigen Schrittes ging der Geistliche in die Nikolaikirche zurück. In der Sakristei warf er das Gewand ab, und siehe, es war kein geringerer als Till Eulenspiegel. Kurz hernach trat der Nikolaipfarrer dazu, nahm sein Gewand und sprach: »Seid bedankt, Bruder Listig, für diese gute Tat.« Nach einem guten Mahl und einer geruhsamen Nacht wäre Eulenspiegel gern weitergezogen. Doch die Kunde von dieser wundersamen Teufelsbannung hatte sich wie ein Lauffeuer im Städtchen Spandau verbreitet. Und so musste der Schalksnarr im schwarzen Gewand des Geistlichen noch in einigen Häuser die Dinge zurechtrücken.

Wie Till Eulenspiegel Kräuter und Zwiebeln zu den Gurken aus dem Spreewald gab

Einmal hatte Till Eulenspiegel im Städtchen Jüterbog einem recht einfältigen Tuchhändler geholfen, den ein fürwahr garstiger Händler ausnehmen wollte. Zum Dank für diese Hilfe, das wünschte sich der Tuchhändler, möge ihn Till Eulenspiegel recht bald in seinem Hause besuchen.

Es währte eine Weile, da verschlug es den Narren in den Spreewald und er besann sich, dass er ja im Örtchen Lübbenau jemanden kenne, der ihn willkommen heiße. So geschah es denn auch. Wie Eulenspiegel das Haus des Tuchhändlers am Altmarkt erreichte, war dieser voller Freude. Dessen Weib indes ward wunderlich. Es konnte die Freude ihres Ehegesponstes nicht teilen und wollte es wohl auch nicht. Nun sprach es die Frau aber nicht offen aus, vielmehr mäkelte sie hier und nörgelte da, suchte allzeit einen Grund zur Klage und hoffte gewiss, so den bunten Vogel, der da ins Haus geflogen war, rasch wieder zum Abfluge zu bringen.

Natürlich verstand Till Eulenspiegel bald, dass sich das Weib seinetwegen grämte. Doch wie ihm gewahr wurde, wie sehr sich der Händler über den Besuch freute und dass dieser reichlich unter der Knute des Weibes zu leiden hatte, blieb der Narr erst recht. Vielleicht konnte er helfen, dessen Schicksal zum Guten zu wenden. Doch was auch immer er anstellte, von dem Weibe kam nichts als Schimpf und Gezänk zum Lohn. Allein der Händler freute sich über Bruder Listigs Anwesenheit.

Wie Eulenspiegel nun auf den Mann eindrang, ihm die Ursach' für solches Ungemach zu sagen, da vernahm er eine traurige Sache. Die Eheleute wünschten sich Kinder, allein es waren ihnen keine vergönnt. Derweil er sich in sein Schicksal fügte, haderte sie mit demselben. Immer neue Wege suchte die Frau, sprach bei Kräuterkundigen vor, brachte in der Kirche über die Maßen Opfer dar und ließ nichts unversucht. Doch mit jedem Scheitern gruben sich die Kummerfalten tiefer in ihr Antlitz. Die ehedem schöne Jungfer ward zum verhärmten, zänkischen Weib geworden.

Eulenspiegel war nun schon ein paar Tage in Lübbenau zu Gast, da befiel seinen Freund besondere Pein. Er wirkte noch bedrückter, ward noch stiller und verzagter. Wie ihn der Narr fragte, wollte er erst nicht mit der Sprache heraus. Doch als Eulenspiegel nach zwei, drei Bechern des guten dunklen Lübbenauer Bieres neuerlich die Rede darauf brachte, klagte der Tuchhändler, wie sehr er sich vor der Johannisnacht fürchte, die morgen anstehe. Sein Weib glaube fest daran, dass es zur Fruchtbarkeit helfe, wenn sich der Erzeuger des gewünschten Nachwuchses in den Zwiebeln gehe und diese umknicke und sich darauf wälze. Solches müsse er bar jeder Kleidung tun. Seit er sie geehelicht habe, sei er jedes Jahr dieser Art in die Zwiebeln gegangen, immer hoffend, niemand sonst bemerke ihn. »Bedenke doch, Freund Eulenspiegel, wenn mich einer sieht, bin ich das Gespött der Leute«, bangte der Händler, »hernach will keiner auch nur einen Fetzen billigen Tuchs von mir kaufen«. Bisher habe er immer Glück gehabt und habe das seltsame Treiben im Geheimen vollziehen können. Doch das könne nicht immer währen.

Für Aberglauben hatte Till Eulenspiegel immer etwas Spott und Häme übrig. Doch nun half es dem armen Manne so gar nicht. Also sprach der Narr: »Ist dir geholfen, wenn ich an deiner statt ins Zwiebelfeld gehe?« Der Händler sah auf: »Das würdest du tun?« Eulenspiegel winkte bloß ab: »Weit Ärgeres habe ich schon getrieben. Ich bin so frei, ich darf das, was scheren mich die Leute?« Wie Bruder Listig aber weiter sann, meinte er, dass seine Hilfe noch einen Schritt weiter gehen könne. Wenn ein Paar keine Kinder bekommen konnte, ist es schon immer die halbe Wahrheit gewesen, dass dem Manne keine Fruchtbarkeit gegeben war. »Wie wäre es«, hob Till Eulenspiegel am, »wenn ich nach vollzogener Zwiebelwälze sogleich zu deinem Weib ins Bett steige und mit ihr Beischlaf pflege? Natürlich muss sie meinen, dass du es bist.« Erst empörte sich der Tuchhändler ob dieses Ansinnens, dann aber fragte er nach, wie man solches bewerkstelligen könne. Bruder Listig ließ sich noch einen Krug Bier auftragen und bald wusste er es.

Der Abend vor der Johannisnacht war heran. Eulenspiegel hatte dem Paar eine Speise bereitet, die sie aneinander zugänglicher machen sollte. Gleichwohl achtete er darauf, dass besonders das Weib mehr davon genoss. Wie die mitternächtliche Stunde nicht mehr fern war, sprach der Händler zu seinem Weibe: »Gleich eile ich in die Zwiebeln, wie du mir geheißen. Doch höre, was mir eine Kundige riet: Vom Feld soll ich unverzüglich zu meinem Weibe laufen, auf dass sie meine neue Kraft empfangen kann. Beim Vollzug aber dürfen die Eheleute einander nicht in die Augen sehen und sich ungeziemiglich berühren.« Das Weib verstand nicht recht, also fuhr der Händler, wie es ihm Bruder Listig zuvor eingeflößt hatte: »Ich verbinde dir die Augen und weise dich an, dich unbekleidet ins Bett zu legen und mich gewähren zu lassen, ohne dass du etwas dazu tust.« Erst wenn ich dir die Binde wieder abnehme, darfst du dich bewegen. Eben wollte das Weib protestieren, da erneuerte der Händler die Mahnung: »So hat es mir die Kundige geraten und es wäre wohl schade, verstriche die Gelegenheit, weil du dich nicht daran hältst.«

Es fügte sich, dass der Tuchhändler und Eulenspiegel in etwa die gleiche Statur hatten. Kurz vor Mitternacht verband der Tuchhändler seinem Weib, das entkleidet auf dem Bette lag, die Augen und trat aus der Schlafstube. Just da lief der splitterfasernackte Till Eulenspiegel hinaus auf das Zwiebelfeld, knickte die Pflanzen um und wälzte sich auf ihnen. Rasch eilte er ins Haus zurück, trat ins Schlafgemach und tat, was er mit dem Händler vereinbart hatte. Dabei sprach er kein Wort und berührte das Weib nicht mehr als wirklich nötig. Wie er geendet hatte, machte Eulenspiegel, dass er rasch herauskam aus

der Stube. Dafür legte sich nun der nackte Händler zu seinem Weibe, nahm ihm die Binde ab und liebkoste es.

Doch beinahe wäre es um den guten Plan geschehen gewesen: Anstatt in die Kammer zu eilen, in der ihn der Händler beherbergte, nahm Eulenspiegel die falsche Tür und trat in die Speisekammer. Und weil es darin stockdunkel war, warf er manches durcheinander. Manche Töpfe und Krüge stürzten um und Till Eulenspiegel hatte seine liebe Not, den Schaden wieder zu richten. Was auch immer auf den Boden gefallen war, nahm er auf und tat es in den Bottich, in dem das Händlerweib die Gurken verwahrte. Es mochten Kräuter dabei gewesen sein, auch ein paar Zwiebeln kamen in der Eile dazu. Der Essigkrug war so bestoßen, dass Eulenspiegel den scharfen Trunk gleichfalls in den Bottich gießen musste. Kaputte Krüge nahm er mit hinaus und verscharrte sie hinter dem Haus.

Anderntags wirkte das Weib wie ausgewechselt. Es war fröhlich, offenen Gemüts, voller Hoffnung und von Stund' an eine gute Gastgeberin. Doch nun war es an Eulenspiegel, zum Aufbruch zu drängen. Mit Käse und Brot im Beutel und den besten Wünschen für den Weg entließen der Tuchhändler und seine Frau den Narren.

Till Eulenspiegel hat sich bestimmt des Öfteren gefragt, ob seine Hilfe fruchtbar gewesen ist. Nie erfahren hat er, dass der Gurkenbottich einige Wochen unbeachtet in der Kammer stand. Als das Weib hocherfreut in andere Umstände geriet, überfiel es plötzlich und unerwartet ein ungewöhnlicher Appetit auf Saures. Wie staunte die Frau, als sie den Bottich auftat und darin die Gurken in einer seltsamen Tunke fand. Nun, wer gierig ist, überlegt nicht lang. So langte das schwangere Weib nach einer Gurke, biss hinein und erfreute sich über den Wohlgeschmack. Auch die zweite und die dritte Gurke mundeten ihr bestens. Ihr Mann konnte ihr beim besten Willen nicht erklären, wie der Essig, die Zwiebeln, der Pfeffer, die Senfkörner, die Wein- und anderen Gewürzblätter in den Bottich mit den Gurken gelangt waren. Eines indes wussten beide: Es schmeckte vorzüglich.

Dass sich der Lübbenauer Tuchhändler nun auf das Einmachen von Gurken verlegte und dieses Geschäft späterhin an seine Kinder weiterreichte, ist in keiner Chronik verzeichnet. Aber ist die bloße Existenz dieser köstlichen Speise nicht schon Beweis genug?

Wie Till Eulenspiegel einem Strausberger Jäger aus der Klemme half

In der Heide am Klostersee bei Strausberg war vor Zeiten ein Jäger, der hatte ein großes Herz für die Sorgen und Nöte der armen Menschen. Der Tisch in Feld und Flur war reich gedeckt, und so bemerkte es niemand, dass der Jäger Mal um Mal einen Hasen, eine Wildsau oder einen Rehbock für die Unbegüterten erlegte. Dem Gutsherrn, in dessen Diensten der Jäger stand, hätte dieses Gebaren gewiss nicht behagt. Deshalb nahm der Jäger den Bedachten das Versprechen ab, niemandem zu erzählen, woher die Gabe stammte.

Doch wo Neider die Wege der Gerechten kreuzen, sprießt Verdruss und folgt Verrat. Im Ratskeller des Städtchens Strausberg hockten zwei Burschen, steckten die Köpfe zusammen und ereiferten sich über alle Maßen. Der eine neidete es seinen Nachbarn, die ab und an fettes Fleisch im Topfe hatten, gleichwohl sie bettelarm waren. Der andere suchte einen Weg, das Amt des gutherrschaftlichen Jägers zu bekommen. Der erste sprach, er habe es dem Gutsherren geklagt, dass sich da einer an seinem Wild bediene und dies dem Pöbel schenke. Der zweite rieb sich die Hände und erwiderte: »Das ist günstig für mich, so komme ich an das Amt.« Doch der erste winkte verdrossen ab: »Freue dich nicht zu früh. Mich hat der Gutsherr vom Hof gejagt, ich solle ihm nicht mit Verleumdungen kommen. Nein, er halte zu seinem treuen Waidmann.«

Till Eulenspiegel, der daneben saß und neuerlich seine Ohren nicht bei sich behalten konnte, ward bewusst, dass sich über dem Haupt des Jägers finsteres Gewölk zusammenzog. Bruder Listig kannte den Jäger wohl und sann darüber, wie er ihm beistehen könnte. Überdies wusste er nur zu gut, dass die

Verleumdung des Neiders am Vertrauen des Gutsherrn schon nagen würde.

Er musste sich eilen, denn die Gauner berieten bereits, wie sie sich des Jägers entledigen konnten, wenn dies der Gutsherr nicht ausführen wolle. Erschlagen und in den Klostersee werfen, dieses Los hatten sie ihm zugedacht. Zum Lohn sollte der eine das Jägeramt erhalten und der andere frisches Wild sein Leben lang. Schon am nächsten Abend wollten sie ihren Plan umsetzen. Till Eulenspiegel besah sich die beiden Schurken eingehend, dann wusste er, wie er die Sache richten musste.

Der, der Jäger werden wollte, löste die böse Runde in der Schenke auf und trat den Weg heimwärts an. Bruder Listig nahm eine Kanne des guten Strausberger Bieres und setzte sich zu jenem, der Freifleisch haben wollte. Er schenkte dem Burschen voll ein, und siehe, bald plauderte dieser alles frei heraus, was er eben im Geheimen besprochen hatte. Till Eulenspiegel tat, als spräche er ihm zu und riet dem Neider obendrein, wie er es anzustellen habe und wie er den Schlag mit dem Knüppel führen müsse, damit der Jäger vor seinen Schöpfer trete.

Alsdann sputete sich der Schelm, den bedrohten Jäger in die dunklen Pläne einzuweihen, dessen Gewand zu holen und damit zum Haus des anderen Gauners zu eilen. Dem Neider machte Till Eulenspiegel vor, dass auch er eine Rechnung mit dem Jäger offen habe und deshalb gern helfen wolle, den Waidmann aus der Welt zu schaffen. Damit dies rasch und ohne großes Aufsehen gelinge, müsse sich der Gauner das Vertrauen des Jägers erschleichen und mit ihm auf Pirsch gehen. Nur so sei er sicher, allein mit seinem Opfer zu sein. Das leuchtete dem Gauner ein, und wie ihm Bruder Listig einen echten Jägerrock samt Hut zur Tarnung gab, war er überaus dankbar. Seine Aufgabe sei es, den Jäger zum verabredeten Platz am Klostersee zu führen, sprach der Schelm. Schließlich ging Till Eulenspiegel noch zum wahren Jäger und wies ihm seinen Platz in diesem schaurigen Spiel zu.

Wie es anderntags Abend wurde, schlichen Till Eulenspiegel und der erste Gauner nach dem Klostersee. Jetzt war dem

Schurken Angst und Bange vor der Tat, doch Eulenspiegel sprach ihm Mut zu und reichte ihm Branntwein, den der Neider gerne nahm. So saßen sie im Hinterhalt und warteten, und der Schurke soff einen Becher nach dem anderen. Derweil führte der falsche Jäger den echten Waidmann ebenfalls nach dem See. Dass sich der wahre Jäger nicht über das Jagdgewand des anderen wunderte und selbst keines trug, das wurde dem Neider nicht gewahr, so aufgeregt und voller Angst war er.

Am verabredeten Ort trat alles ein, wie es die Gauner besprochen hatten. Der eine, der nun reichlich betrunken war, schlug dem Mann mit dem Jägerhut ordentlich mit einem Knüppel auf den Kopf. Dieser konnte noch das Messer zücken, bemerkte aber nicht, dass sein Jagdbegleiter rasch beiseite gesprungen war und er nun auf seinen Angreifer einstach, ehe er vom Schlage betäubt niederfiel. Den Betrunkenen traf das Messer am Bein, doch die Gnade des Rausches ließ ihn dies kaum spüren. Wohl vernahm er noch einen Schrei, einen Fluch und ein lautes Platschen, wie es klingt, wenn ein Mensch ins Wasser stürzt.

Wie die Gauner am nächsten Morgen am See erwachten, der mit brummendem Schädel, der andere mit schmerzendem Bein, fanden sie vom getöteten Jäger einzig den Jägerhut am Ufer des Klostersees. Sie wähnten sich am Ziel. Doch sollten sie keine Freude an ihrer vermeintlich gelungenen Missetat haben. Schon in der ersten Nacht erschien jedem am Bett eine weiße Gestalt und forderte Genugtuung. Bald machte es in Strausberg die Runde, der Jäger sei erschlagen worden. Die Armen klagten und der Gutsherr bedauerte den Verlust seines braven Jägers, auch wenn er nicht so recht wusste, ob an der Verleumdung nicht doch ein Körnchen Wahrheit gewesen war.

Wie groß war das Erstaunen, als ein Reisigweib in Strausberg kundtat, es habe eben im Wald beim Klostersee den erschlagenen Jäger gesehen. Er trage sein gewohntes Gewand, gehe aber nicht aufrecht, sondern in hüpfendem, gebücktem Gang. Sobald er das Weib bemerkt habe, sei er hinter einem Baum verschwunden. Später wollen ihn andere Leute in hellen Vollmondnächten erblickt haben, wie er aufrechten Ganges durch den Wald schritt. Was die Strausberger tatsächlich gesehen haben, kann keiner sagen. Der Jäger jedenfalls hatte die Gegend längst verlassen und war andernorts in Stellung gegangen, fürchtete er doch, der Gutsherr könne hinter sein Geheimnis kommen.

Doch den Gaunern sollte ihre Missetat noch schlecht bekommen. Till Eulenspiegel hatte den armen Leuten kundgetan, dass diese Neider die Ursache für das plötzliche Verschwinden des Jägers seien. Gleich wollten sie los, die Kerle zu erschlagen. Doch Bruder Listig riet ihnen zu einer wirkungsvolleren Rache. Fortan schlich immer ein anderer in die Häuser der Gauner, gewandete sich als Geist und sprach ihnen böse zu. Gram, Zweifel und schlaflose Nächte setzten den Neidern schwer zu, dass sie krank darniederlagen.

Wie Till Eulenspiegel einen Teltower Pfarrer von der Trunksucht heilte

In Teltow lebte einst ein Pfarrer, der dem Branntwein sehr zugetan war. Am Tage pflegte er seine Gemeinde und sprach wohl zu ihren Gliedern. Doch sobald die Sonne versunken war, zog er sich in seine Stube zurück und hielt Zwiesprach mit dem starken Tropfen. Becher für Becher wurde der Pfarrer dabei lauter, bis er schließlich in einen Gesang einstimmte, der schrecklich klang.

Die Magd, die dem Pfarrer schon lange diente, betrachte seine Vorliebe mit reichlich Argwohn. Fürchtete sie doch, dass solches Gebaren kein gutes Ende haben würde. So suchte das gute Weib immer neue Wege, ihren Herrn zur Abkehr vom Branntwein zu bewegen. Sie wählte kluge Worte und warnte ihn vor dem Gift. Doch er entgegnete nur, dass der Geist des gebrannten Weines zu klug sei für eine törichte Magd. Nur er, ein Studierter, verstehe, was dieser Geist zu sagen habe. Hernach gemahnte ihn die Magd, das Leiden am Tage nach dem Rausch hindere ihn an seiner wichtigen Aufgabe, als Hirte die Herde zu hüten. Der Pfarrer wischte auch diese Bedenken beiseite. Er sei stark genug, gegen die Anfechtungen des Teufels zu bestehen, denn als solche sah er die Kopfschmerzen und die Übelkeit nach dem Trunke. Immer aufs Neue müsse er sich dem Bösen stellen, um sich gegen dessen List zu wappnen. Die Magd wand dann noch dieses und jenes ein. Doch was auch immer sie anführte, er konnte es mit klugen Worten wegerklären.

An einem heißen Sommertage hielt Till Eulenspiegel durch das Berliner Tor Einzug in dem Städtchen, und da für den Gang in den Krug noch zu früh war, suchte er einen anderen Platz, wo er hören konnte, was sich die Leute erzählten. Hier war es eine imposante Linde dicht bei der St.-Andreas-Kirche, in deren Schatten ein paar Alte ruhten und das Treiben ringsumher beobachteten. Brav entrichtete der Narr die Tageszeit und setzte sich dazu.

Es währte nicht lang, da kam die Magd des Pfarrers vorüber, mit gesenktem Kopf und traurigem Blick. Ein altes Weiblein rief sie an: »Mein Kind, was liegt dir auf der Seele?« Die Maid wandte sich um und kam heran: »Ach, Patin, was soll ich dir sagen? Seine Trunksucht wird schlimmer je um je. Allein er merkt es nicht und schimpft mich einfältig.« Die Alte gab der Maid diesen und jenen Rat, doch die junge Frau winkte nur ab: »Auch dies habe ich schon versucht, unseren Herrn Pfarrer vom Branntwein loszubekommen. Würde doch endlich der Heilige Geist in ihn fahren und ihm den Weingeist austreiben.«

Eben wollte sich die Magd zum Gehen wenden, da trat Till Eulenspiegel heran. »Mir scheint, dir kann nur ein Wunder helfen.« Sie besah den bunten Vogel von oben bis unten und fragte, wie er dies meine. Bruder Listig berichtete von ähnlichen Fällen, die ihm hier, da und dort schon begegnet seien und wie er so und so habe helfen können. »Seid Ihr denn ein Studierter?«, fragte die Maid. Eulenspiegel erwiderte: »Oh gewiss doch, gewiss.« Er warf der jungen Frau ein paar Brocken lateinischer und anderer fremder Worte zu, was dieser sichtlich imponierte. Eulenspiegel fuhr fort: »Lass dich nicht von meinem Gewand irritieren, mein Kind. Dies trage ich, um mich gegen die Anfechtungen der Menschen zu stärken, die meinen, dass Kleider Leute machen.«

Neugierig lauschte die Alte, was ihr Patenkind mit dem bunten Fremden zu bereden hatte. Schließlich fuhr sie dazwischen: »So soll es der Vorrede genug sein. Wie wollt Ihr nun helfen? Vor allem aber: Was verlangt Ihr dafür?« Till Eulenspiegel bat um ein Gewand, in der Art, wie es der Pfarrer für gewöhnlich trug, und das Versprechen, niemandem von dieser Absprache zu berichten und den Dingen ihren Lauf zu lassen. Die Alte setzte grimmig nach: »Und Euer Preis?« »Das soll Eure Sorge nicht sein«, fuhr Eulenspiegel fort, »Kost und Logis und den

Branntwein-Vorrat des Pfarrers, mehr nicht.« Freudig klatschte die Maid in die Hände. Den Fremden nehme sie gern bei sich auf und versorge ihn wohl, und wenn er am Ende noch das Teufelszeug aus dem Pfarrhaus trage, so solle es ihr nur recht sein.

Der Pfarrer hatte eben in der Kirche alles erledigt, da trat ein Fremder über die Schwelle des Gotteshauses. Es war dies Bruder Listig, gewandet wie ein frommer Gelehrter. »Gott zum Gruße, guter Mann«, sprach Till Eulenspiegel den Pfarrer an. Woher und wohin, fragte dieser. Von da nach dort, bekam er zur Antwort. Er suche allerhöchste Erleuchtung und hoffe, dies auf den Spuren des Heiligen Franziskus zu finden. Wie er so sprach, weckte er das Interesse des Pfarrers. Solcherlei Gelehrte begegneten ihm nicht oft und in diesem Dorf schon gar nicht. Also bat er den Fremden, an diesem Abend sein Gast zu sein, mit ihm zu speisen und zu trinken und von seiner Pilgerfahrt zu berichten.

Die Magd trug feine Speisen auf, und als die Männer gesättigt waren, hob der Pfarrer die Tafel auf und entließ seine Magd für diesen Tag. Sie möge die Türe von außen schließen und die Herren unter sich lassen. Kaum war sie fort, holte der Pfarrer aus dem Schrank eine irdene Flasche. »Dies ist ein guter Geist«, sprach er, »ich möchte ihn Euch angedeihen lassen.« Der Pfarrer schenkte ein, wünschte brav »Zum Wohle« und lehrte den Becher in einem Zuge. Till Eulenspiegel nippte kurz, schmeckte, dass dies in der Tat ein selten guter Tropfen war, und bedauerte es zutiefst, das edle Getränk vom Pfarrer unbemerkt beiseite zu gießen. Um recht sparsam mit dem feinen Branntwein zu sein, kam Bruder Listig dem Pfarrer zuvor, als dieser die nächste Flasche aus dem Schrank holte und einschenken wollte. Fortan goss er dem Hausherrn ein und tat stets den Finger auf den Hals der Flasche, als er seinen Becher füllte. So ging es Flasche um Flasche, bis sich beide Zecher kaum noch auf den Beinen halten konnten, wobei Eulenspiegel freilich so tat als ob.

Am nächsten Morgen bot sich den Leuten im Städtchen ein sonderbares Bild. Bar jeder Kleidung lag der Pfarrer unter der

Linde, mit einem Seil fest zusammengeschnürt, und schnarchte laut und vernehmlich. Erst beäugten die Tiere dieses Bündel, dann kamen Kinder und staunten. Schließlich traten die frühen Landmänner herbei. Doch anstatt den bedauernswerten Pfarrer zu wecken und aus der misslichen Lage zu befreien, stellten sie sich herum und lachten schadenfroh. Weiber kamen dazu und der Gelächterchor ward reicher um hohe Stimmen. Der schwoll so laut an, dass der Pfarrer erwachte.

Just da bahnte sich der fremde Gelehrte einen Weg durch die Menge, stellte sich wie schützend vor den Pfarrer, der unverständliche Worte stammelte und sich im Staub wand wie ein Wurm. Eulenspiegel rief: »Weicht zurück, Ihr Leute, vor diesem standhaften Mann, der es verdient, Euer Hirte genannt zu werden.« Er kniete sich zu dem bedauernswerten Geistlichen, löste die Fesseln und reichte ihm einen Umhang. Alsdann sprach Bruder Listig zu den Leuten: »Es war der Teufel, der in uns fahren wollte.« Ein Raunen ging durch die Menge. »Ja, ja, Ihr habt recht gehört, der Gottseibeiuns wollte sich unser bemächtigen. Immer und immer wieder hat uns der Böse seinen verfluchten Branntwein eingeflößt und uns herausgefordert.« Die Alte rief dazwischen: »Dieses Teufelszeug, ich wusste es doch.« Till Eulenspiegel fuhr fort: »Wir waren kaum noch Herr unserer Beine, da hat uns der Schwarze beim Kragen gepackt und in die Kirche geschleift. Darin sollten wir Frevel tun, sollten Jesus spotten und Gott lästern. Er selbst hat mitten in die Kirche geschissen und mir mit seiner Feder, die er am Hute trägt, im Hals gefuhrwerkt, bis ich das Abendbrot wieder ausgespien habe. Von Eurem Pfarrer verlangte er, das Kreuz mit dem Herrn abzunehmen und diesen mit seinem Harn zu beflecken. Doch Eurer Pfarrer war stärker als ich und widerstand. Dafür hat ihm der Teufel seine Kleidung genommen und ihn zum Bündel geschnürt, wie Ihr eben gesehen habt. Ehe mir die Sinne schwanden, sah ich, wie der Böse alles vom Altar herunterriss und wutschnaubend in der Kirche herumwarf. Wie Euer Herr Pfarrer unter die Linde und ich in das Bett kamen, das weiß Gott allein.«

Der Krüger eilte zur Kirche. Von drinnen rief er: »Es ist wahr, kommt doch und seht.« Die Leute eilten in das Gotteshaus. Im Gang fand man einen gehörigen Kackhaufen, vor dem Altar eine große Lache Erbrochenes und all die Dinge, die sonst den Altar zierten, in der Kirche verstreut. Wie noch jemand rief, er rieche Schwefel, gab es für niemanden mehr den Hauch eines Zweifels an der Rede des fremden Gelehrten. Untertänigst baten die Leute ihren Pfarrer um Verzeihung, dass sie sich eben über ihn lustig gemacht hatten. Der ließ es geschehen, zumal er sich keinen Reim auf das Gehörte machen konnte. Am Ende blieb ihm nichts übrig als anzunehmen, dass er tatsächlich der Versuchung widerstanden habe.

Die Leute waren so sehr mit dem Pfarrer, den anrüchigen Zeichen des Bösen und ihrer Erschütterung darüber beschäftigt, dass sie nicht merkten, wie die Magd des Pfarrers einem bunt gewandeten Mann einen Sack voller Flaschen aus dem Pfarrhaus reichte, ihm einen inniglichen Kuss gab, es können auch zwei gewesen sein, und alles Gute auf seinen Wegen wünschte.

Wie Till Eulenspiegel einem Werderaner Weinbauern einen billigen Rat gab

Als der märkische Wein noch süß und lieblich war, gab es in Werder an der Havel, einem Dorf des Lehniner Klosters, einen Weinbauern, der war speziell. Mit einiger Tücke und hartem Geschäftsgebaren hatte er es zu Reichtum gebracht, den er nur zu gern zur Schau trug. Nun scheißt der Teufel aber nicht immer auf den größten Haufen. Denn dieser Mann war recht einfältig, wenn es um Dinge abseits des Weinbaus ging. Was man ihm auch sagte, er nahm es für bare Münze. In Werder wagte es indes keiner, dem Bauern einen Streich zu spielen.

Till Eulenspiegel scherte sich wenig um die Gepflogenheiten in dem Haveldorfe. Wie er wieder einmal von der Neuen Stadt Brandenburg nach Morgen zu zog und durch Werder kam, lief er dem Weinbauern in die Arme. Schon manches Mal waren sie sich begegnet, was Bruder Listig für seinen Vorteil hatte nutzen können. Auch jetzt dankte Till Eulenspiegel der Gelegenheit, auf einfache Weise etwas Reisegeld zu bekommen. Er bot dem Bauern an, ihm einen wertvollen Rat für ein kleines Geld zu geben. »Guter Rat muss nicht teuer sein«, sprach Till Eulenspiegel. Das leuchtete dem Weinbauern ein und so nahm er das Angebot des Narren gern an.

Also riet Eulenspiegel: »Achte darauf, dass du nicht zu viel gähnst. Denn wer drei Mal gähnt, der ist tot.« Da staunte der Weinbauer sehr, hatte er doch so etwas noch nie gehört. Brav entrichtete er den vereinbarten Betrag, dankte und ließ Till Eulenspiegel ziehen.

Nun begab es sich, dass der Weinbauer anderntags nach schlechter Nacht recht früh erwachte und zur Arbeit in den Wachtelberg stieg. Er war kaum aus dem Haus getreten, da gähnte er sehr. Oben auf dem Berge musste er wieder gähnen. Rasch nahm er einen Schluck aus seinem Weinschlauch, hoffte er doch, seinem Schicksal zu entgehen. Aber er hatte gerade abgesetzt, da überkam es ihn und er gähnte mehr denn je. »O weh«, sagte er bei sich. »Aus ist's mit mir, ich sterbe.« Er legte sich nieder, faltete die Hände auf dem Bauch, schloss die Augen und regte sich nicht mehr.

Als ihr Mann am Abend nicht erschien, schickte die Weinbäuerin einen Knecht in den Weinberg, seinen Herrn zu suchen. Der Knecht fand ihn auch bald, auf dem Boden liegend, mit gefalteten Händen und geschlossenen Augen. Erschreckt rief er den Bauern an. Doch der erwiderte nichts, er war ja tot. So lief der Knecht ins Dorf zurück, um Hilfe zu holen und den Toten zu bergen.

Auf einer Bahre trugen die Leute den Reglosen in sein Haus. Dessen Weib heulte herzzerreißend, entzündete Kerzen und betete still. Die Verwandten kamen herbei, weinten mal laut, mal leise und sprachen nur Gutes über den Bauern. »So ist das also, wenn man tot ist«, dachte der Weinbauer bei sich, blieb aber weiter reglos liegen.

Nun war schon der andere Morgen angebrochen, da stellte sich ein Vetter des Weinbauern ein. Der kam vom Nachbardorfe Glindow und war ihm noch viel Geld schuldig. Da dachte der Weinbauer bei sich: »Der Vetter ist ein Gauner. Mein Weib weiß nicht, dass wir von ihm noch viel Geld bekommen. Wenn ich jetzt nichts sage, dann bekommt mein Weib das Geld niemals.« Also schlug der Weinbauer die Augen auf, richtete sich empor und rief dem Vetter nach, der eben die Stube verlassen wollte: »He Vetter, hast du das Geld mitgebracht?«

Starr vor Entsetzen blickten ihn alle an. »Bist du nicht tot?«, fragte die Weinbäuerin. »Das bin ich wohl«, meinte der Bauer. »Oder etwa nicht? Ich habe drei Mal gegähnt. Und wer drei Mal gähnt, ist doch tot oder?« Die Leute ringsum verstanden nicht so recht, was der Weinbauer meinte. Darauf sprach der Vetter: »Wenn du noch lebst, dann muss ich dir das Geld schon zurückgeben.«

Der Weinbauer nahm die Münzen und zählte, ob die Summe stimmte. Sein Weib sprach: »Solange er noch zählen kann, ist er noch lebendig.« Dies sah der Bauer auch ein. Dann haben sie wer weiß wie viel Wein getrunken, um sich von dem Schreck zu erholen.

Bald danach kam Till Eulenspiegel wieder durch Werder, nur in umgekehrter Richtung. Als der Weinbauer ihn erkannte, rief er ihn freudig an und erzählte, was geschehen war. Da fiel Bruder Listig auf die Knie, tat, als würde er beten und sprach: »Dann hole rasch einen guten Tropfen, damit wir auf das Wunder deines Überlebens anstoßen können.«

So geschah es dann auch, wenn man es um Himmels Willen wirklich glauben möchte.

Wie Till Eulenspiegel eine Wiesenburger Sage erfüllte

Am Brunnen vor dem Tore der Wiesenburger Feste warteten die Burschen immer gern auf die schönste Maid, die es zu diesen Zeiten im Hohen Fläming gab. Ihre Anmut, ihr Gang und wie sie die Krüge mit Wasser füllte, verzückten die Kerle. In den Augen des Mädchens sahen sie das Paradies, wenn sie sprach, war es, als sängen Englein. Wen wundert es, dass ein jeder Jüngling diese Maid zum Weib begehrte. Indes: Keinem war es vergönnt, die Holde auch nur zum Tanze auszuführen. Ihr Herz galt einem Prinzen, doch der war nicht von dieser Welt.

Einst hatte die Maid von ihrer Großmutter die Sage vernommen, wonach im Wiesenburger Turm ein verwunschener Prinz sitze und nur darauf wartete, dass ihn ein Mädchen erlöse und zur Kirche führe. So viele hätten es schon versucht, so viele seien schon gescheitert. Die Holde nun, sie wollte es sein, die den Verwunschenen durch das Männeken-Tor zur Kirche geleite und fürderhin als sein Weib ewiges Glück empfange. Die wahren Burschen von Wiesenburg mochten dagegen reden, allein die Schöne erhörte sie nicht und schickte jeden alsbald wieder fort.

Till Eulenspiegel hielt im Krug dicht bei der Burg Einkehr. Wie er speiste und trank, vernahm er das Gespräch eines Burschen mit dem Krüger. Der Jüngling, Sohn des Seilers, hatte eben versucht, die wunderschöne Maid für sich zu gewinnen. Doch von dem fürwahr zauberhaften Blumenstrauß habe das Mädchen nichts wissen wollen. Der Jüngling klagte: »Zum Teufel mit dieser Sage, die der Maid dermaßen den Kopf verdreht.« Der Bursche war gegangen, da bat Eulenspiegel den Wirt zu sich und um Erklärung. So und so sei das, berichtete der Wirt.

»Kein Geld, keine schönen Gewänder, kein hohes Ansehen, kein warmes, trockenes Heim kann das Mädchen überzeugen, einem dieser unglücklichen Freier zu folgen«, sprach er. Bruder Listig erwiderte: »Wenn es nicht so gehen mag, dann eben andersherum.« Der Krüger sah ihn ratlos an. »Seht«, sprach Till Eulenspiegel, »gewährt mir zwei, drei Tage Kost und Logis und die Sache hat sich zum Guten gewendet.«

Wie in bald jeder Nacht zog die schöne Maid zur zwölften Stunde in den Park bei der Burg nach dem Teiche hin. Dort, so hatte die Großmutter berichtet, erscheine der Prinz. Eben schlug die Glocke zur Mitternacht und wollte sich die junge Frau neuerlich enttäuscht zum Gehen wenden, da trat ihr vom Weiher her ein Mann in seltsam altertümlicher Gewandung entgegen. Sie wollte vor Schreck aufschreien, da bedeutete ihr die Gestalt, stille zu sein. Wohl wahr, dachte sich die Schöne, hieß es doch in der Sage, dass auf dem Weg bis zum Altar kein Wort gesprochen werden dürfe.

Beseelt, endlich ihren Prinzen getroffen zu haben, nahm sie ihn beim Arm und schritt mit ihm durch das Männeken-Tor. Gleichsam fürchtete die Schöne, die dunkle Kutsche komme heran und wolle sie verjagen. So hatte es in der Sage geheißen. Doch es blieb stille und wie ein trautes Paar schritten sie zur Kirche.

Auf wundersame Weise stand die Türe des Gotteshauses offen, auf dem Altar brannten Kerzen. Leise traten sie vor den Altar, ebenso wortlos schritten sie wieder hinaus. Doch unvermittelt kam Lebensglut in den Leib des Prinzen. Er schlang seine Arme um die Holde und küsste sie über und über, bis sie bald keine Luft mehr bekam. Doch nicht, weil er unverzagt küsste und obendrein seine Zunge in ihrem Rachen versenkte, oh nein: Sein Odem ward Höllenrauch, beißend, stinkend, Schwindel erregend. Mit aller Kraft stieß sie den Geliebten von sich. »Du weist mich ab?«, sprach er da. Ihr fehlten die Worte. Er fuhr fort: »So musst du es morgen wieder versuchen, mir zu gefallen.« Sie wollte ihn halten, doch er war schon in der Dunkelheit verschwunden.

Am Tage sammelte die Maid Kräuter, die versprachen, einen fauligen Odem zu reinigen. Daraus braute sie einen guten Sud, und als sie in der Nacht wieder in den Park an der Burg trat, hielt sie den Trunk bereit, ihrem Liebsten unverzüglich einzuflößen. Die Glocke schlug zwölf, doch er kam nicht den Weg entlang, den er gestern gegangen war. Lange schaute sie in das Dunkel hinein, doch da war nichts. Sie hatte sich zum Gehen gewandt, da langte sie ein nackter Arm von hinten, fuhr ihr über Schulter und Brust. Ein zweiter Arm griff um ihre Taille und drückte fest. Mit Mühe konnte sie sich wenden und erkannte ihren Prinzen. Doch wie sah er aus? Bar jeder Kleidung stand er da, ein stinkender Brei umhüllte seinen Körper. »Komm, sei mein«, sprach er. Wieder drückte er die Zarte an sich. Der infernalische Gestank raubte ihr schier die Sinne. »Was ist mit dir, mein Prinz?«, fragte sie. Doch er erwiderte nichts, sondern begehrte neuerlich, sie zu küssen. Den Trunk hatte sie verschüttet, doch der leere Becher war nun ihr Gefährte genug, der unheimlichen Lage zu entkommen. Die Maid schlug das irdene Gefäß gegen den Kopf des Prinzen. Dieser ließ von ihr ab, stieß sie fort und verschwand in der Dunkelheit.

Jedes anderes Mädchen hätte längst abgelassen von solchem Burschen, doch die Maid glaubte weiter fest daran, nur sie könne in der Erfüllung dieses Schicksals ihr Glück finden. Also braute sie aus Kräutern wieder einen Sud gegen fauligen Odem, mischte aus Seife und Blüten eine wohlriechende Essenz, die sie dem Geliebten rasch über den Leib schütten wollte, und ging in der nächsten Nacht wieder in den Park. Mit dem zwölften Glockenschlag stieg der Prinz aus dem Burgteich empor, glitschiges Wassergewächs ward ihm das Gewand. »Komm«, rief er, »hier und jetzt mache ich dich zu meinem Weibe.« Wie er die Holde umfasste, war es ihr, als kröchen dicke Kröten, Quappen und Schnecken über sie. Sie warf ihm den Sud und die Essenz entgegen, doch beides verfehlte seine Wirkung.

Eben wollte der Prinz anheben, dem Mädchen die Kleider vom Leibe zu reißen, als es einen gellenden Schrei tat und um Hilfe rief. Wie aus dem Nichts, sprang ein Jüngling aus einem

Busch. Er packte den Prinzen im Genick und rief: »Weiche, du Teufelsbrut, und kehre nie wieder zurück. Hiermit banne ich dich auf ewig in diesen Teich.« Alsdann stieß er den Prinzen ins Wasser, in dem er sogleich versank wie ein Stein. »Wieder für tausend Jahre verloren«, rief er noch, dann war er fort. Der Jüngling nahm die Maid, richtete ihr Gewand und bat untertänigst, sie heimgeleiten zu dürfen. »Der Schrecken«, so sprach er, »hat nun ein Ende.« Sie wandte sich um und erwiderte: »Es war so furchtbar.« Da nahm er sie in den Arm und drückte sie fest an sich.

Sie hatten das Männeken-Tor passiert, da kam Hufgetrappel heran. Ein Wagen hielt auf sie zu. Rauch drang aus den Mäulern und Nüstern der Pferde. Sie wusste wohl, was ihre Großmutter darüber berichtet hatte. Dass das Schreien der Maid ob dieses Anblickes alles Bemühen zunichtemachen und der Prinz für weiteres tausend Jahre versunken bleiben würde. Doch waren die Pferde so schaurig, dass sie nicht anders konnte, als einen Schrei auszustoßen. Aber was war das? Der Jüngling an ihrer Seite zog sie von der Straße, damit ihr die schaurigen Rösser nichts anhaben konnten. »Sei unbesorgt, dir geschieht nichts«, sprach er und schloss sie in seine Arme. Donnernd rauschte das Fuhrwerk an ihnen vorbei.

Am nächsten Tag warteten die Burschen am Brunnen vor dem Tore der Wiesenburger Feste auf die Schöne, ein jeder hoffend, nun endlich erhört zu werden. Der Wirt der Schenke an der Burg, kein anderer hatte das schauderhafte Fuhrwerk durch die Nacht gelenkt, hatte die Kunde von der neuerlichen Versagung der Erfüllung der Sage bereits im Ort verbreitet. Der sagenhafte Prinz als Nebenbuhler schied nun aus.

Doch das Mädchen kam nicht, am Morgen nicht, am Mittag nicht, und wie es Abend noch immer nicht erschienen war, zogen die Burschen mit hängenden Köpfen ab. Zu dieser Stunde trat Till Eulenspiegel in den Schankraum und zum Krüger: »Ihr dürftet recht zufrieden sein. Aber sagt: Warum hat mich Euer Sohn in den Teich gestoßen und sich nicht an unsere Absprache gehalten?« Der Wirt schaute verwirrt: »Mein Sohn saß bei mir im Wagen und wollte schon im Morgengrauen zur Maid gehen und als Erster um sie freien. So wie es besprochen war. Aber er kam zu spät.«

»In der Tat, zu spät«, unterbrach eine Stimme. Eulenspiegel und der Schenk wandten sich um. Der Sohn des Seilers stand vor ihnen, mit einem verschmitzten Lächeln im Gesicht. Er sprach: »Ich bin ihr jede Nacht gefolgt und meinte anfangs auch, die Sage sei wahr. Doch als die Maid so herzzerreißend um Hilfe rief, konnte ich nicht anders, als ihr beizustehen. Das dankte sie mir nicht nur gestern Nacht, das dankt sie mir fortan und für alle Zeiten.« Dann trat er an Bruder Listig heran und roch an ihm: »Mir scheint, ihr könnt ein zweites Bad gebrauchen, um den Gestank für fauligem Wasser abzuschütteln«, sagte er und gab Till Eulenspiegel einen Becher mit der duftenden Essenz, den die Holde gemischt hatte.

Wie Till Eulenspiegel in Ziesar einen falschen Priester offenbarte

Wieder einmal zog Till Eulenspiegel von Bernburg nach der Alten Stadt Brandenburg zu und er nahm im Städtchen Ziesar Logis. Am Fuße der Residenz des ehrwürdigen Bischofs von Brandenburg hatten brave Zisterzienserinnen ein Haus zur Ehre des Herrn errichtet. In einem Wirtschaftsgelass des Klosters gewährten ihm die Schwestern Unterkunft, und weil sie sahen, wie Till Eulenspiegel Gutes für die armen Seelen tat, reichten sie ihm ein feines Mahl obendrein.

Nun war der Eulenspiegel ein neugieriger Gesell, also fragte er die Nonnen nach besonderen Vorkommnissen in Ziesar, seit er das letzte Mal durchgezogen war. Da gab es manchen Sterbefall mitzuteilen, manches Ungemach, aber auch die freudigen Dinge wussten die guten Schwestern in schöne Worte zu kleiden und dem Wanderer zu vermelden. So stolz waren sie, wie ihnen mit ihrer Hände Arbeit das Werk des Herrn gelingen mochte.

Höchst aufmerksam lauschte Eulenspiegel aber, als die Rede auf einen Wanderprediger fiel, der erst vor wenigen Tagen Einzug in das Städtchen gehalten hatte. Er sei so klug, lobte eine Nonne. Er sei so gottesfürchtig und fest im Wort, schwärmte die nächste. Einer dritten entglitt gar die Bemerkung, er sei so ein ansehnlicher junger Bursche von prächtiger Statur.

Nun war Till Eulenspiegel schon immer ein kritischer Zeitgenosse gewesen, doch wenn drei fromme Weiber gleichermaßen von einem Gottessohn schwärmten, dass ihre Worte jeden Frühling in den Schatten stellten, dann ward der Narr noch vorsichtiger. So sprach er: »Diesen guten Mann würde ich gern kennenlernen und von ihm hören, was er von der Welt bereits gesehen hat.«

»Nichts leichter als das«, sprach eine Schwester. Denn der Priester sei leicht zu finden. Er missioniere, indem er im Städtchen von Haus zu Haus ziehe. Spätestens am Abend werde er ihn treffen, hatten die Schwestern dem Wanderprediger doch im gleichen Nebengelass Herberge geboten.

Eulenspiegel brauchte nicht lange zu suchen, da entdeckte er einen jungen Burschen im Mönchsgewand unweit des Klosters. Wie es Till Eulenspiegels Art war, trat er nicht gleich an den Priester heran. Vielmehr verbarg er sich in der Nähe, um zu lauschen, was der Fromme zu sagen habe.

Dieser Priester bat ein altes Weib um eine milde Gabe, doch beileibe nicht um seinetwillen. Oh nein, er versprach nämlich: »Eure gute Gabe wird sogleich eine arme Seele aus dem Fegefeuer erlösen und sie direkten Weges ins Himmelreich führen.«

Solche Rede grämte Till Eulenspiegel zutiefst. Ahnte er doch, hier war ein Betrüger am Werke, der selbst den Armen das Nötigste zum Leben nahm. Oh, wie leichtgläubig waren doch die Menschen, dass sie solchem Schmierenkomödianten auf den Leim gingen.

Dir lege ich das Handwerk, sagte Eulenspiegel bei sich und wollte eben aus der Deckung treten, da lehrte ihn das alte Weib die Meisterschaft. Angesichts der priesterlichen Ansprache war die Alte nicht unverzüglich vor Ehrfurcht auf die Knie gefallen. Sie blickte den schwarz Gewandeten an und sprach: »Das trifft sich aber gut. Meine liebe Schwägerin ist erst vor wenigen Tagen gestorben. So kommt Ihr gerade recht.« Sprach's und bat den Priester ins Haus.

Zum Glück standen die Fenster offen, so konnte Eulenspiegel hören, was drinnen beredet wurde. Die Alte führte den angeblichen Gottesdiener zu ihrem Mehlvorrat, reichte ihm einen Beutel und einen Schöpflöffel. »Bedient Euch, für unsereinen ist auch die ewige Seligkeit nicht umsonst zu haben.«

Wie der Mönch fleißig das Mehl in den Beutel schaufelte, fragte das Weib: »Wie ist es? Ist meine Schwester jetzt schon heraus aus dem Fegefeuer?« Der Angesprochene nickte: »Aber ganz gewiss doch. Soeben hat sich das Höllentor hinter ihr

geschlossen.« Die Alte setzte nach: »Und wo ist sie in diesem Moment?« Der Mönch hielt inne: »Sie steigt eben zum Himmel empor, zwei Engel geleiten sie.«

Der Beutel war gefüllt, der Mönch wollte ihn eben zubinden, da sprach er: »Jetzt, eben jetzt ist sie drin.« Die Alte atmete wie erleichtert aus und fragte: »Das ist gut.«

Der Mönch wollte sich zum Gehen kehren, da fasste ihn das Weib in den Arm: »Aber sagt, kann man meine Schwägerin aus dem Himmel wieder hinauswerfen?« Der Schwarze entgegnete: »Aber wo denkt Ihr hin, gute Frau? Wer einmal im Paradies ist, der wird auf immer und ewig darinnen bleiben.«

Da griff das Weib den Mehlbeutel. »Wenn das so ist«, sprach sie mit kecker Stimme, »dann braucht Ihr auch kein Almosen mehr.« Der Priester hob ein Gezeter an. Die Alte aber hieß ihn, ihr Haus zu verlassen, was dieser wütend tat.

Till Eulenspiegel freute sich diebisch über die Schläue der Alten. Doch dann machte er, dass er rasch nach der Schlafstatt kam, die die braven Schwestern dem Mönch wie dem Narren zugewiesen hatten. Nun war es an Eulenspiegel, dafür Sorge zu tragen, dass der falsche Mönch ohne die erlogenen Almosen das Städtchen verließ.

Neben dem Bette des Schwindlers fand der Narr einige Beutel. Diese nahm er rasch und verbarg sie an anderer Stelle, Hernach begab er sich in die Küche, um sich das Mahl zum Abend zu holen.

Schnaubend folgte ihm der Priester auf dem Fuße. Wie ihm sei, fragte eine Nonne bangen Blicks. Der Schwarze schimpfte: »Bestohlen wurde ich, hier im Kloster ist ein Dieb, der sich nicht scheut, die geringe Habe eines Gottesdieners zu stehlen.«

Doch Till Eulenspiegel sprach: »Wie ich hörte, was Ihr mit dem Weiblein und deren verschiedenen Schwägerin besprochen habt, da dachte ich: Auch all die anderen aus der Hölle Geholten bedürfen der Almosen nicht mehr. Also trug ich sie rasch zu denen zurück, die sie Euch gegeben hatten.«

Dem falschen Mönch ward sonderlich zumute, eben wollte er dem Narren am Zeuge flicken. Da traten die verwunderten

Schwestern heran und fragten: »Habt Ihr von den armen Seelen für Eure frommen Worte Almosen erbeten?« Dem Angesprochenen, sonst so redegewandt, versagten die freundlichen Worte. Nun fluchte und zeterte er wie ein betrogener Kesselflicker. Die frommen Frauen erschraken zutiefst.

Als er merkte, dass er sich selbst entlarvt hatte, eilte der falsche Mönch aus der Küche hinaus, ja er machte rasch, dass er Ziesar hinter sich ließ. Till Eulenspiegel indes trug die Almosen anderntags zu den Leuten zurück und hieß sie, fürderhin nicht auf solche Scharlatane hereinzufallen.

Index

Der Autor

Heiko Hesse, geboren 1964 in Berlin, studierte Publizistik, Politische Wissenschaften und Geschichte an der Freien Universität, und ist seit 1994 Redakteur der *Märkischen Allgemeinen* in Brandenburg an der Havel. Er veröffentlichte bereits mehrere Bücher und schrieb Komödien mit regionalhistorischem Hintergrund, die am Lehniner Klostertheater aufgeführt wurden.

Der Illustrator

Paul Pribbernow, geboren 1947 in Holbeck, machte sich Ende der 1980er-Jahre in der DDR einen Namen als Karikaturist. Er zeichnete und zeichnet u. a. für das Magazin *Eulenspiegel*, das *Neue Deutschland*, die *Junge Welt*, die *Wochenpost* und den *Spiegel*. Er veröffentlichte mehrere Karikaturenbücher.

Christine Anlauff

Die schönsten Sagen & Legenden aus Potsdam

128 Seiten, Hardcover
14,95 €
ISBN 978-3-86124-684-8

Um Potsdam und die bezaubernde Havellandschaft ranken sich zahlreiche Legenden, die eine ganz eigene Geschichte von der Stadt und den Menschen dort erzählen: Slawen und Deutsche, Ritter und schöne Jungfrauen, aber auch heidnische Götter, Zwerge, fliegende Frauen und andere Fabelwesen. Christine Anlauff hat fünfzehn der schönsten Sagen der Region gesammelt und neu erzählt – vom Babelsberg bis zum Griebnitzsee, von der Mühlentradition bis zum ältesten Haus der Stadt.